道元のこころ

田上太秀

大法輪閣

まえがき

（一）

日本曹洞宗《そうとうしゅう》には二派ある。一つは道元（一二〇〇－一二五三）を宗祖として永平寺、総持寺の両本山を中心とするものと、延慶二年（一三〇九）、中国の宏智正覚《わんししょうがく》五代の法孫である東明慧日《とうみょうえにち》によって日本に伝えられた宏智《わんし》派である。

道元派は現在我が国で単独の宗派としては、もっとも大きな宗派として栄えている。

宏智派は、五山派に伍して、京都、鎌倉で一時栄えた宗派であるが、のちに絶えた。

現在の曹洞宗の開山である道元の生い立ちと中国留学中の出来事の一端を簡単に紹介し

ておこう。

道元の父は源通親《みちちか》で、母は藤原基房の女との間に生まれたと伝えられる。父とは三歳のときに、母とは七歳のときにそれぞれ死別。母の死後、出家し、比叡《ひえい》山で修行した。ついで建仁《けんにん》寺の明全和尚《みょうぜんおしょう》についてはじめて禅を学んだ。明全和尚は栄西禅師《えいさいぜんじ》の弟子であるので、道元はここで臨済宗の禅を学んだということになる。

当時、承久の変が起こり、肉親のものが惨めな運命に堕《お》ちて行くのを見て、世の無常を感じたようである。また当時の仏教界の乱れを見て、正法が滅びつつある現状に無常を感じたともいわれる。このような事情が道元の心を中国仏教を求める方向に向けさせたという。かれは中国留学を決心した。貞応二年（一二二三）三月下旬に明全和尚とともに九州の博多を船で出発した。

一二二三年四月、大宋国の明州慶元府の港（現在の寧波）に到着した。二十四歳であった。事情により道元はこの港に三ヵ月間留まらなければならなかった。その間に、港から二十キロ以上も離れた阿育王《あいくおう》山で修行している炊事《すいじ》係りの老僧が、日本産のしいたけを買い求めに来た。中国に来てはじめて遭う僧侶であった。道元はすばやくかれのもとに行き、いろいろと中国仏教界のことを聞いた。

　聞いているうちに、若いものに代って、この老僧がどうしてわざわざしいたけを買いに来たのか、また老僧がどうして炊事係りであるのか、不思議だった。

「あなたは随分お年の方のようですが、あなたぐらいの高齢であれば、坐禅をしたり、語録を読んだりすることが普通だと思います。ところがおはなしを伺っていると、ひたすらわずらわしい炊事係りの仕事をされているということですが、その辺のところがどうも理解できません。」

と道元は尋ねた。すると、その老僧は、

「日本のお若い方、あなたはまだ仏教というものをよく分かっていらっしゃらないようですね。」

と言った。かれの口ぶりでは炊事係りは修行道場では大事な役目であるかのようだった。道元はこんなことは日本では考えられないことであった。この意味が咄差《とっさ》に理解できなかったのである。

　その年の七月、道元と明全は天童山《てんどう》に落ち着き、修行生活がはじまった。ある日、道元はいつものように祖師の語録を読んでいた。一人の僧がそばに来て、道元に質問した。

「語録を読んでどうなさるのですか」

「祖師の行いを知りたいのです」

「それを知ってどうなさるのですか」

「それをもとに、日本に帰って人々を教化したいと思います」

「ところでなんのために教化なさいますか」

「それは人々に精神的利益を与え、救ってやりたいからです」

「結局、それはなんのためになるのでしょうか」

ここまで問い詰められたときに、道元は絶句した。

ある時、道元は嗣書《ししょ》にはじめてめぐり遭《あ》った。嗣書とは、釈尊以来、インドの多くの祖師たちに仏法が伝えられて、それが中国に菩提達磨《ぼだいだるま》によって伝えられて、中国の祖師たちに受け継がれてきた系譜を記したものである。仏教の、いわゆる家系譜である。仏法の歴史的生命の伝授を証明した印可証明書である。

道元は無際了派《むさいりょうは》という禅僧のもとで修行しているとき、この嗣書なるものを眼《ま》のあたりに見た。道元は留学中に禅宗各派の嗣書を五回ほど見ているが、いまこれが最初である。ここで道元は釈尊《しゃくそん》のさとりの世界、禅のさとりの世界を身近に見たのである。

道元はこれを焼香《しょうこう》し、礼拝して閲覧したのである。そこで道元はこの系譜に自らの名前を連ねるにはどうすればよいのか。それよりもこの系譜に記録されるにはどのような修行をすればいいのか。どのような境地に至ったときにこの系譜に名前を連ねることができるのか。これらの問題を抱え込んで、道元は天童山を一人で下った。ときに二十五歳であった。

それから尋師《じんし》訪道の旅を続けたが、求める正師《しょうじ》に巡り合うことができなかった。二十六歳の初夏（一二二五年五月）、ふたたび天童山に戻り、無際了派の後任住職となった長翁如浄《にょじょう》に就いて修行した。じつはこの五月七日に、一緒に留学した師の明全が死亡したのである。道元は大きな柱を失う。これを境にして道元は悲しみをかき消すかのように修行に励んだ。この年の夏の集中修行のとき、如浄の「坐禅は身心脱落《しんじんだつらく》だ」ときびしく弟子に喝《かつ》を入れた声を聞き、心が開き、さとりを得たという。道元はここではじめて釈尊のさとりに直接したという。ときに二十八歳。如浄から嗣書を授かり、天童山を下り帰国した。

（二）

この留学から帰った道元を尋ねて来るものも多く、その人たちに新しい知識を披露したであろう。仏教についての問答も激しかったであろう。また教化にも熱が入ったことであろう。若い道元は自分はインド伝来の正法《しょうぼう》（正しい仏法）の系譜に名前を連ねる沙門《しゃもん》だという誇りをもって、当時の日本に仏数の新風を起こそうと考えていたようである。著述にも熱が入っていった。『随聞記《ずいもんき》』『正法眼蔵《しょうぼうげんぞう》』などはそれを物語っている。

これらの著作に述べられている内容を読むと、はげしいことばで自分の信念を披露しているかと思うと、一方では、驚くほどの汚いことばや俗語を駆使して、他宗派や祖師たちを非難している箇所がいくつも出てくる。さとりを開いた宗祖とはいえ、道元も人間である。ことば使いや表現に人間の生々しさがあることは当然である。考えてみると、それほどのことばや表現を駆使しなければならないほど、当時の仏教界や僧侶たちの生活が堕落していたのである。

道元の思想を見ると、著述の年代順に少しずつ変化があることに気づく。若い頃に主張したことが、のちになると、まったく反対の意見になっているとか、最初は解放的な考えであったのが、のちには閉鎖的な考えになったとか、最初は坐禅一本であったのが、のちには念仏に近い信仰に変化していったとか。

このようなことを考慮に入れて、道元の著作は読まなければならないと考える。したがって道元の著作のなかから一部分を取り出して、それで道元の思想を覆い尽くそうとすることは困難である。

この『道元のこころ』に紹介した内容は、道元のすべてではないが、それでも大半を捉えるための手掛かりになると思う。なかにはいま述べたように、年代によって思想に変化があるものもあるが、それは道元の考えをもっともよく表すほうを紹介することにした。

本書は『正法眼蔵』の現代語訳のようであるが、表現や内容には手を入れて、読み易く、理解し易くした。そのまま現代語訳したものはいくつもあるが、原典に忠実であるため内容が複雑で、理解に苦しむ箇所が多い。そこで本書はテーマを掲げて、それについて道元はどのように考えたのかを捉えてみたものである。『正法眼蔵』全体から文章を抽出して、説明文を挟んで繋ぎあわせた。このような方法で作成してみて道元のこころがどれほど捉えられるか自信はないが、いままでに類書といえば『修証義』がある。これはすでに著者が北辰堂から『道元の宗教』と題して現代語訳と解釈を付けて出版している。これより大部のものを意図し、現代版『修証義』として、本書を執筆したのである。試金石になればと考えている。

本書を執筆するにあたり、編集長の武本武憲氏の温かい助言と励ましのことばをいただいたことに深く感謝申し上げる。また編集部の相田重子さんにも大変お世話になった。ここからお礼申し上げる。

著者しるす

昭和六十二年九月二十三日秋分

目次

第1章

学道について

仏の道を学ぶことは、いずれ仏に成ることを願って修行することである。仏に成るにはさとらなければならない。そのさとりは修行しなければ得られないし、学ばなければ手が届かない。

南嶽《なんがく》の大慧《だいえ》禅師は、

「修行とさとりとはないわけはないが、ただ純粋でなくてはいけない」

と言われた。もし仏の道を学ばなかったら、仏教以外の誤った宗教の教えや悪道に染まることになるだろう。

仏の道を学ぶときに、二つの方法が考えられる。一つはこころで学ぶ方法で、二つにはからだで学ぶ方法である。

第一節　こころで学ぶ方法

こころで学ぶとは、すべてのこころで学ぶことである。

まずは心と意と識との三つのこころで学ぶことである。

こころは詳しくは心、意、識の三つに分けて考えることができる。大乗仏教の一説によって、この三つのこころについて説明しておこう。

心はあらゆる現象の起こる原因の集まりのことをいい、これが原因となって、世界のすべての現象が生起するといわれる。

つぎに、意はものを考え推《お》し量《はか》るこころをいう。自我を中心にして、ものごとを思いめぐらすはたらきをするこころである。

識はものを識別し、知るはたらきをするこころである。たとえば、眼で色を見分けるとか、鼻で匂いを嗅ぎ分けるとか、耳で音や声を聞き分けるとかの、識別のはたらきをするこころをいう。

また心はインドの原語で、心臓という意味を持っている。これを中国では肉団心《にくだんしん》と漢訳している。これは人間の内部に、本来仏となるべき性質（仏性《ぶっしょう》、如来蔵《にょらいぞう》）が内在していることを象徴したのである。この意味から、心を本来的な仏の種子《しゅうじ》と考えている。

こころといっても、このようにいろいろの内容を持っている。すべてのこころとは、これらの内容を含めたこころを意味するのである。

また、仏と自分とが感応して、さとりを求めるこころを起こし、仏の道に帰依《きえ》して、仏や祖師たちの修行した足跡に従って、学習しようとするこころもある。これを菩提心《ぼだいしん》という。たとい最初は、ほんとうの菩提心がなくても、すでに菩提心を起こし、さとりを得られた仏や祖師たちの作法をただひたすら学ぶことである。これを菩提心といい、赤心《せきしん》（純粋なこころ）といい、古仏（さとりを得た、すぐれた僧侶）のこころといい、平常心という。

菩提心について

菩提心についていえば、このこころは、迷いの真っ只なかから起こすこともあれば、さとり切った心境のなかからはじめて起こすこともある。また、迷いやさとりとは関係なく起こすこともある。したがって、菩提心を起こすのは、なにも特殊の場合に限ったことではない。

相手があって起こるこころではない。知慧によって起こるこころでもない。あえていうとすれば、本来備わっている菩提心がおのずからに起こるともいえ、なにかがその菩提心を惹《ひ》き起こすともいえる。

だから菩提心を起こすのは、菩提心があるからとかないからとかいうことを離れているのである。菩提心があるから起こすのでもなく、ないから起こさないというのでもない。菩提心を起こすことは、善とか悪とかに関係はない。だから菩提心を起こすことは善いことで、起こさないことは悪いことだというのでもない。

前の世で積んだ善行の報いによって善いところに生まれたから、そのお陰で菩提心を起こしたというのでもない。

菩提心は、時節が来て、その原因と条件とが整ってはじめて起こるのである。要するに菩提心を起こすことは、自分の住む場所にはなんの関係もない。

だれかが菩提心を起こしたら、そのとき全宇宙に存在するものたちは、みな一緒に菩提心を起こすのである。たとえ地獄の世界、餓鬼《がき》の世界、畜生《ちくしょう》の世界などに住んでいる生類《しょうるい》でも、時節が来てその条件が整いさえすれば菩提心を起こすことができる。

赤心について

赤心片片《せきしんへんぺん》ということばがある。片片とはそのまま、あるいは満ちているという意味である。赤心とは仏のこころのことである。したがって赤心片片とは、仏の純粋なこころがそのまま現われていて、なにも隠れている部分がないことを表現している。片片はひと切れ、ふた切れというような切れ端をいうのではなく、ただありのままの姿が、ひらひらと舞っているようなさまをいうのである。

蓮の葉は、丸い鏡のような形をしているからといっても、鏡ではなく、それはやはり蓮の葉片片である。菱《ひし》の実の角は、錐《きり》の先に似ているからといっても、錐ではなく、それはやはり菱の実片片である。ここの道理を踏んまえて、仏のこころと凡夫《ぼんぷ》のこころとの違いを知らなければならない。

古仏心について

むかし大証国師は古仏心は牆壁瓦礫《しょうへきがりゃく》だとおっしゃった。それは古仏のこころが垣根や壁や瓦礫《がれき》だと言ったのではない。また垣根や壁や瓦礫が古仏のこころだと言ったのでもない。

古仏のこころは、宇宙の生命のはたらきそのものであるから、また、宇宙のすべての存在の真理を表すものであるから、この世界にあるすべてのものを指《ゆび》させば、それはみな古仏のこころにほかならない。

古仏のこころとはなにかと問われてみれば、どれを指しても古仏のこころである。それでは曖昧《あいまい》で具体性がない。そこで、古仏のこころは牆壁瓦礫ということになる。といって、そのことばを鵜呑《うのみ》にして古仏のこころはなんだ牆壁瓦礫なのか、また牆壁瓦礫が古仏のこころなのかと、早合点してはならない。可愛そうなことだがそのように考えるのが凡夫である。

また古仏のこころは、がま、みみずだと言った禅師もいる。これも同じ考えから生まれたことばである。

ここの道理をよくわきまえて、古仏のこころを知らなければならない。

平常心について

平常心とは普段の、なにも飾らない、そのままの気持ちのことをいう。

この世といわず、あの世といわず、どこにあっても変わらないのが平常心である。この世でもあの世でも、環境や人や世相の移りかわりなどによって、こころ変わりがあっては平常心とは言えない。周りのものにこころを動かされない。といって、周りのものを自分の思い通りに動かしたい、作り変えたいということでもない。

毎朝、鏡を見ても、眼が横に、鼻は真っすぐにあるように、平常心とはそのようなものである。人をだまさない。また自分もだまされない。これが平常心である。

時の流れも平常心である。過去となった日々も、このこころから過ぎ去ったのであり、今日という日も、このこころから来るのである。過ぎ去るときは天も一緒に去り、来るときは大地も一緒に来る。これが平常心である。

平常心は、とくに限られた人にだけあるというのではない。特に平常心が人を選ぶということがあるわけでもない。

平常心は、どんな人にも現われたり、消えたりする。それがどんな人にも差別なく、同時に現われたり、消えたりするから平常というのである。平常心とはこういうものである。

仏の道に帰依《きえ》し、仏祖の足跡に従って学習するもののこころがまえは、このように菩提心、赤心、古仏心、そして平常心でなければならない。

第二節　からだで学ぶこと

また仏の道はからだで学ぶことである。おのれの生身《なまみ》をもって仏の道を学ぶことである。考えてみると、いまの世に受けたこのからだがこんにち健康であるのは、仏の道を学習することによって得られたものであり、仏の道を学習することによって得られるのも、またからだだと言えなくもない。

この東西南北上下四維《しゆい》の十方世界にあって、生死をくり返す人の姿は、そのままが人の本来のありさまである。このようなみじめな姿をさらけだしているからだででも、悪いことをせず、戒（正しい習慣）を守り、仏法僧《ぶっぽうそう》の三宝《さんぼう》に帰依し、そして出家すれば、それがほんとうの仏の道を学習することである。これが出来る人を真実の人といわなければならない。

インドでは、数の最大の単位をアサーンキャというが、これを阿僧祇《あそうぎ》と漢訳した。仏教では、むかしから数えきれない時間をいうときに、三大阿僧祇劫《さんだいあそうぎこう》、十大阿僧祇劫《こう》、あるいは無量阿僧祇劫《こう》という。そんなに長い時間を経て、生死をくり返して行くなかで、絶えず仏の道を学んで行けば、そこに仏の道を学習することに、一進一退があることはいうまでもない。

たとえば師匠を礼拝して質問する。それはそのままが仏の道を学習することの作法である。芽をふくことのない枯れ木に執心することも、また火が燃え出すこともない灰に執心することも、時を惜しんで仏の道を学習することだと考えてよいだろう。

ただ、月日の過ぎ去るのは迅速であるけれども、仏の道を学習することはまさに幽遠である。ここのところをよく自覚しておかなければならない。

家を捨て、親を捨て、兄弟を捨て、名誉や地位を捨てて出家したさまは、まことに蕭然としたものであるが、その姿を、世間の騒音から隔絶して、独り山に住み、仕事に励む樵夫《きこり》と混同してはならない。あるいは、生計を支えるために競うようなこともあろうが、その姿を小作人《こさくにん》と混同してはならない。

出家者に見られる仏の道を学習する姿には、なにが迷いだとか、なにがさとりだとかの論議はない。善とか悪とかの議論もない。なにが正しいのか、邪しまなのか、なにが本物で偽物《にせもの》なのかという区別を立てて見たり、考えたりするところを超越している。

第三節　いろいろな学び方

仏の道を学習することについて、ほかにもいろいろある。先に述べたようなこころをみな忘れて、仏の道を学習するものがおり、また、とくにこころをもって仏の道を学習するものもいる。熟慮して研究しながら学ぶものもいれば、また研究を捨てて学ぶものもいる。また、釈尊《しゃくそん》から金襴《きんらん》の衣《ころも》を授かり受けて、仏法を伝受した大迦葉《だいかしょう》のような学び方もある。あるいは、達磨《だるま》大師を礼拝してそばに坐ったとき、「おまえは私の髄《ずい》を得た」のことばをいただいた第二祖慧可《えか》のような学び方もある。また、小屋で米を碓《つ》くのを日課にしていたにもかかわらず、第五祖弘忍《こうにん》に認められ、衣鉢《えはつ》を授けられた第六祖慧能《えのう》のように、こころをもってこころを学ぶという学び方もある。

出家を学ぶ

出家するにあたり、頭を剃《そ》り法衣《ほうえ》を着るは、世俗を離れて、仏の道への大きな転換である。これはまたこころをあきらめることにほかならない。家を出て山に籠《こ》もるのは、形の上では場所を替え、雑踏の環境から静寂の環境に移ったことになるが、これは、内面的には一つのこころを出て一つのこころに入るにほかならない。

では出家してどうして山に籠もるのか。じつはその理由は推《お》し量《はか》って簡単にわかるものではない。親を捨て、兄弟を捨て、名誉や地位を捨てるという、いわゆる世を捨てることについても、同じようにどうして捨てるのかと推し量っても、即座に理解できることではない。しかし眼を皿のようにして見、仏の道を学習しようとするこころをもって、何度も忖度《そんたく》してみるとよい。このようにして学習していると、知らず知らずのうちに、修行の効き目が現れて、仏のお讃《ほ》めに与《あずか》ることになるはずである。

山河大地はこころだと学ぶ

ここに山河大地、日月星辰《せいしん》はこころであると考えたならば、これをどのように理解したらいいのだろうか。

山河大地の山河は、山と水のことである。大地はわれわれが住むところの世界だけをいっているのではない。宇宙の大地だと考えることである。

山にもいろいろあって、大きな山があり、また小さな山がある。山脈もあり、孤高に聳《そび》えるヒマラヤのような山もある。仏教には世界の中央に最高の須弥山《しゅみせん》があるという神話がある。その山のなかに十億の太陽系世界があり、数え切れないほどの国があるという。そこにはまた、見える世界があり、見えない世界があるともいう。

河にも種々あって、天の河があり、地の河がある。

大地といっても土だけをいうのではない。土だけがかならずしも大地ではない。たとえば土の地もあり、こころの地もあり、宝の地もある。いろいろの地はあっても、それらがみな大地でないわけではない。それぞれが地を成せばそれぞれがみな大地である。空を大地とする世界もなければならない。また日月星辰でも見る人によっていろいろな捉え方があり、そのように生類自身の見方によってさまざまな日月星辰がある。

このように山河大地や日月星辰を見て、これらがこころであると理解するには、どのように考えたらよいのだろうか。

ある一つのこころがものを見る場合には、それだけの見方があり、聞く場合にはそれだけの聞き方があって、それぞれのはたらきがそれぞれのこころである。そのこころに内とか外とかの区別があるのだろうか。またこころのはたらきが起こるとか消えるとかがあるのだろうか。

たとえば、生まれるときに、なにか特別なものを余禄として、持って生まれて来るだろうか。また、死ぬときに、なにかものを失うというのだろうか。生まれるときも死ぬときも、このからだ一つを持って生まれ、そして死ぬにすぎないのではないか。

この生死についての考え方は、どこに根拠をおけばよいのだろうか。

これまで述べてきたことは、すべてはこころの、あるときの瞬時のありさまであり、また、山河大地もいまのこころのはたらきで見る山河大地があり、つぎに起こるこころのはたらきで見る山河大地がある。そのようなものであるから、山河大地、日月星辰はあるのでもなく、ないのでもない。また大きいのでもなく、小さいのでもない。手に入れるものでもなく、失うものでもない。理解されるとか理解されないとかいう相手でもない。こころが通ずるとか通じないとかいう相手でもない。またこちらのこころがさとったとかさとらないとかで変わるような相手でもない。このような見方ができるこころになったときに、そのこころで仏の道を学習することを習いとしたら、それがこころの学道だと信じることである。

こころというものは

結局のところ、牆壁瓦礫《しょうへきがりゃく》がこころである。それは、この世界はみな自分のこころによって支配されて動いているのだとか、仏の世界は、所詮、自分のこころの現われにすぎないとかいうようなむずかしいことをいうのではない。ただ牆壁瓦礫がこころだと言っているだけである。

こころはあるときに現われたかと思うと、つぎには消えてしまう。どうにも正体が掴めない、得体の知れないものである。縄などないのにこころという縄で縛られている。

そんなこころも、あるときはすばらしい宝をつかむことができる。しかし宝をつかんだこころはいつのまにか溶けて、砕けて消えてなくなる。こころは、大寺院の大きな柱や燈籠《とうろう》のように、じっと動かないでいることがない。

そのようなことであるから、思い出したようにはだしで飛び出して来て、仏の道を学習しようとするものがあり、急になりわいを変えて、仏の道を学習しようとするものもある。反対に、あるとき仏の道を学習することをあきらめて、ふっとどこかに立ち去るものもいる。

第2章

求道心について

第一節　ほんとうの知慧を求めるために

本当の知慧とはここでは仏の知慧をいう。その知慧を得るためには、その最初に、それを求めるこころを起こさなければならない。つまり初心がなければならない。最初のこころの在り方が知慧を得るかどうかを決定するわけである。そこで、仏の知慧を求めようとするには、まず求道心《ぐどうしん》を起こさなければならない。一般の求道心は仏教の専門用語で菩提心と言っている。

実は、仏の知慧を求めようとするには、求道心を起こすべきことについて、知っている人はざらにはいない。

世間の人々には求道心を持っている人があるというが、ほんとうは求道心のない人が多い。また、ほんとうに求道心があっても、人に知られないでいる人がいる。このように求道心があるのかないのか、外からはなかなか判断できない。

仏の道を求めて行こうとする人は、自分の考えをさきに出さないで、つねに仏の教えをさきに立てて、それに従って行動するがよい。

また四六時中求道心を持ちつづけて、この世に生きている間に、ぜひともほんとうの知慧を得ることができるようにと、こころから祈願することが大切である。

世間が乱れ、世も末といわれる時代には、ほんとうの求道心をもつ人など滅多にいるものではない。そのような時代だからこそ、ともかくも、

「世間は無常ではかないものだ」

とつねにこころにかけて、そして、

「人のいのちはもろいものだ」

ということを忘れないでいなければならない。

ただ仏の教えを重んじて、自分のからだやいのちは軽く考えるようにしなければならない。仏の教えを求めるためには、からだもいのちも惜しんではならない。

第二節　三宝に帰依すること

三宝《さんぼう》とは仏（仏）と教え（法）と弟子たちの集団（僧）とである。この三つは仏教の柱であり、仏教の中心的存在である。仏は釈尊のこと、教えは釈尊の教えのこと、弟子たちの集まりは釈尊に教えを受けて修行するものたちの集まりである。

これら三つは、仏教教団の成立と存続に重要な要素となるものであるから、宝石に譬《たと》えられ、三つの宝、つまり三宝と呼ばれている。

在家の信者はこの世で善行を積めば、来世で幸せな世界に生まれるという信仰を持っていた。とくに出家修行者に布施《ふせ》し、身の回りの世話をすると、来世の幸せが確約されると信じていた。

このような信仰に裏づけられているために三宝に対する信仰は、とくに仏教教団では強調されたのである。三宝に帰依《きえ》することは、まさしく幸せな来世へのパスポートを手にいれることである。

仏の知慧を求めるには、ひろく仏法僧の三宝を敬うことである。三宝を敬うこころはまた求道心である。

いくど生まれかわり、どんな生類に身を変えても、三宝に仕え、三宝に布施し、三宝を敬うことを忘れてはならない。寝ても醒《さ》めても、このことを思い続けることである。

あるいは三宝をつねに口に唱えるがよい。死んでのち、つぎの生まれを受けるまでの間を中有《ちゅうう》というが、たとえ中有の四十九日間も三宝を唱えることを忘れてはならない。

ただひたすら、そして絶えず、「なむきえぶつ、なむきえほう、なむきえそう」〈南無帰依仏〈わたくしはほとけさまに従い、ほとけさまを信頼いたします〉、南無帰依法〈わたくしはみおしえに従い、みおしえを信頼いたします〉、南無帰依僧〈わたくしは弟子の方々に従い、弟子の方々を信頼いたします〉〉と唱えることを忘れてはならない。

またつぎの生を受けて母の胎内に宿っている間でも、三宝を唱えるがよい。さらに生まれ落ちるときにも、産声《うぶごえ》に三宝を唱えるようにこころがけなければならない。

またいのちが終わろうとするときには、目の前がたちまちに暗くなるだろう。その暗く

なってきたときは、これがこの世のいのちの終わりだと思って、最後の力を振りしぼって三つの帰依文のうちで、ただ、

「なむきえぶつ！」

と唱えるだけでよい。そうすれば、この世界のあらゆる方角にいるもろもろの仏たちは、その声を聞きつけて、あわれみのこころを垂《た》れてくださる。

ほんとうならば、過去に多くの悪行《あくぎょう》をしているために、その罪悪の数々によって三悪道《さんまくどう》（地獄、餓鬼、畜生の三つの苦しみを受ける世界）に堕ちるはずになっているのだが、「なむきえぶつ」と唱えただけの善行が因縁となって、一転して天に生まれたり、仏をまのあたりに見られるところに生まれたりできて、仏に見《まみ》えて、さらに仏の説法を聞く機縁を得るのである。

いのちの終わりに至って、すでに目の前が暗くなってしまってからも、なお怠らずに三宝を口に唱えなければならない。またつぎの世に生まれ変わってもそれを怠ってはならない。

このようにして幾世代にわたっても三宝を口に唱えるがよい。さとりを得ても、成仏し

てもこれを怠ってはならない。この三宝を口に唱える行いは多くの仏たちや菩薩たちがみな行なわれてきた道である。

三宝を唱える道を得ることは、仏や菩薩の教えを深くさとるともいい、仏の道がからだに備わるともいう。これ以外のことを思い、身につけようなどと考えないほうがよい。

第三節　仏像や経典を作ること

仏像や経典は、釈尊が亡くなられてから、弟子たちや在家信者たちによって作られた。生身《なまみ》の釈尊がこの世間から姿を隠されたあと、弟子たちや在家信者たちは寄りかかる柱を失い、精神的に大きく動揺した。

なにか支えになるものを形で表わしたいという願いがこうじて、仏像が造られたのである。みずから書き残すことをしなかった釈尊の教えを後世に伝えるために、また精神的支えとして経典が編集されたのである。

釈尊の死後、時代が下るにしたがって、仏像や経典の数は増える一方で、仏像を造ることを発願《ほつがん》したり、経典を写すことを発願したりすることが善行と考えられるようになった。このような行ないに精進《しょうじん》するこころをまた求道心ともいう。

そこで一生のうちに、大小に関わらず、上手下手《じょうずへた》にかかわらず仏像を作ろうと努めることも大切である。

また、一生のうちに、いろいろある経典のなかで、とくに『法華経《ほけきょう》』を作るべきである。書写したり、刷《す》ったりして自分の『法華経』を持つようにするといい。そして仏像に対するように、それをつねに礼拝して、その前に花や線香や燈明や飲食物を供えるようにするがよい。

第四節　坐禅をすること

仏教の修行の中心となるのは坐禅である。釈尊は出家当時坐禅をされた。また菩提樹の下で修行した時も坐禅であった。この事実を他にして仏教の修行を考えることはできない。真の知慧を求めて行く時に必要な修行は、まず坐禅であったことを忘れてはならない。また求道心は坐禅を行うことから始めなければならない。そしてつねに袈裟をかけて坐禅をするべきである。

どんな生まれの人でも、袈裟をかけるならば必ず仏に成れるといわれる。袈裟の功徳《くどく》の偉大さは多くの経典が教えているところである。

袈裟を掛けることがまた仏教徒のしるしである。清貧を修行の中心と考え、その精神を貫き通した大迦葉《だいかしょう》という弟子の袈裟が糸だけになっているのを見て、あわれんで、釈尊は自分の袈裟を与えたという。その故事に倣《なら》って、禅宗では、袈裟に仏法の精神が込められていると解釈した。この精神を込めた袈裟を身に着けることは、まさしく釈尊の精神を身に着けることになる。

すでに過去における仏たち、祖師たちの法衣《ほうえ》はみな袈裟であった。現在の仏たち、祖師たちの法衣も袈裟である。おそらく未来に現われる仏たちや祖師たちの法衣でさえもみな袈裟であるはずである。このことを考えるとき、袈裟の功徳ははかり知れない。

だから坐禅のときには袈裟を掛けるべきである。

また、こころして知っておくべきことは、坐禅は凡夫が迷い苦しむ俗世界の法ではなく、仏たちや祖師たちの住む世界の法であることを知らなければならない。

第3章

仏祖の足跡に従う

第一節　誓いを立てること

わが国は世界に稀にみる宗教国であるとか、仏教国であるとか言われているが、たしかに、わが国はとくに仏教国であることには違いない。しかし近来、ほんとうに仏法を求める人がいるかといえば、そんな人はまれである。無いというのではないがそんな人に巡り合えないのである。

たまたま得度《とくど》し僧侶となって、世俗を離れたように見せかけてはいるが、仏道をもって名誉や地位への架け橋にしようとするものが多い。そんな人のことを思うと、気の毒になると同時に、悲しい気持ちで一杯になる。矢のように過ぎ行く時を、ただ呆然と見送り、ただ怠けて、時を惜しんで精進することがなく、出家、隠遁していながら、むなしくそのなりわいを送って生きているものが、いつになったらほんとうのさとりの道に就くことがあろうか。

このような人は、たといほんものの師匠に出会っても、ほんものを愛することはできない。このような人は、この世に生を受けても、教えのために教えを受けるというこころざしを持ち合わせていないので、ほんものをみてもほんものを疑い、正しい教えに出会っても、正しい教えにかえって嫌われることになる。

このような人は、いまの世で仏法を求めず、悪行に明け暮れる日々を送ったために、幾世代にもわたって地獄、餓鬼、畜生、修羅《しゅら》、人、天の六つの世界に転々と生まれ変わるようなことになるかも知れない。しかしその人でも、もし求道心《ぐどう》を起こしさえすれば、その力によって、いままで輪廻《りんね》して来たその因縁《いんねん》が、すべて成仏《じょうぶつ》への営みとなるようにはたらくのである。したがって、たとい今までなにも知らずに、むなしく過ごして来たとしても、いまの生涯が終わらないうちに、急いで誓いを立てるべきである。

それは次のようなことである。

一つは、自分も生類《しょうるい》もみなともに、いまの生涯から次の生涯、またその次の生涯と生まれ変わりながらも、つねに仏の正しい教えを聞くことができますように。

二つは、仏の正しい教えを聞くことができたら、正しい教えを疑わず、まったく不信の心を持たないこと。

三つは、仏の正しい教えに出会ったら、世俗の教えを捨てて、仏の教えだけを保ち、地球上の生類とともにかならず仏になることができるように。

このように誓いを立てるならば、自然に正しい求道心が生まれる。このこころがけを怠ってはならない。

わが国は中国から見ると、海をへだてて遠いという感じがする。人のこころもたいそう愚かである。わが国にはむかしからいまだすぐれた聖者も出ず、生来知慧ある者も少なく、学道のものも見たことがない。

だいたい、求道心を持って修行するときには、そのこころがあるとか修行しているとかを世間の人々に知られようと思ってはならない。むしろ知られまいとこころ掛けるほうがよい。口にすることはなおよくない。

いまの人たちは仏道の内容を求めることがまれであるから、仏道を実践しているものはないに等しい。こころでもからだでもよくわかってもいないくせに、他人が讃めたりすると、やはり自分は教養があり、経験もゆたかな人であるかのように思われているのだと、勝手に思いあがってしまう。

迷いのなかにあって、さらにまた迷うというのはこのことをいう。こんなうわべだけを見て判断する考えはすぐに捨てるべきである。

第二節　世俗の名利を遠ざけること

日頃、つねにこころがけておくことは、はじめて仏の道を願い求めたときの、あのこころざしを忘れないことである。はじめて仏の知慧を求めて求道心を起こしたときは、他人のために教えを説き聞かせようと考えて求めたのではないはずだ。またその時の態度は、世俗の名利を投げ捨てているのである。初心を起こしたときは名利を求めず、ただひとすじに仏の知慧を得ようとこころざしたのであって、時の国王や大臣などから、尊敬や供養を受けようなどと期待したのではなかったはずだ。

仏道の世界は、もともとそんなものを期待するところではない。また自分自身の中でもそんなものを求めていたのでもない。世間の人々との関わりを持つことなど考えてはいけない。

ところが愚かなものたちは、たとい求道心はあっても初心をすぐに忘れて、世間の人たちの施与を待っているようなありさまで、厚かましく人々からの施与を仏法の功徳によるものだと思い込み、喜んでいる。国王や大臣などから帰依され、支持されるようなことにでもなれば、もう自分はりっぱな高僧になったもののように錯覚する。そんなことは仏の道を学習するものにとって、魔障《ましょう》だといわなければならない。

こころに銘記して、世俗の人々をあわれむこころを忘れてはならない。しかしあわれみのあまり、世俗の人々と関わりが深くなることを喜んではならない。

第三節　仏祖の道に従うこと

仏教の経典などの伝えによると、昔から神々が来て修行者のこころざしを試し、あるいは悪魔が来て修行者の修行を妨げるということがあった。しかしよく考えてみると、そのようなことはみな、修行者の頭から名利へのおもいが離れないときに起こるのである。慈悲心が深く、衆生救済の願いでこころが一杯の時には、そのような障害はない。

おおよそ凡夫の初心のはからいで、仏祖の道を忖度《そんたく》することはできない。推《お》し量《はか》ってもあたらない。初心においてはからうことができないからと言っても、最後のところを究めることができないわけでもない。

行き詰めた深奥の仏道の境地は、初心の浅い知識では到底推し量ることができないのであれば、それではどうすればいいのか。それにはこれまでの多くの仏祖が伝えてきた道、そして残してきた足跡にただ従って行くようにしなければならない。仏祖を尋ね、教えを乞うのはまさしく天から降り、大地から湧き出るようなありさまがある。

このようにして師に接見するときには、人がものを言ったり、また自然がものを言ったりするのを、からだで聞き、こころで聞くようにしなければならない。耳で聞くのではない。一般に耳で聞くのは日常茶飯事《さはんじ》のことであるが、眼で声を聞くことはだれにもできることではない。この境地に至ったときに、まさに偉大な世間の師となるであろう。

まだその境地に至らないものが、みだりに人のために教えを説くのは、世間の大賊である。

第4章

仏教について

第一節　仏たちと教えの関わり

仏教とは、多くの仏たちの教えを生活の中に実用化したものである。それは、仏たちが仏たちのために説法したものであるから、その教えは代々正しく伝えられて、内容はいつも生き生きと受け取られて来たのである。正しく伝えることは正しく説法することである。説法とはこのことをいう。

この伝えられた教えの中に、多くの仏たちが現われ、また多くの仏たちが消えて行った。教えの中に仏たちが見え隠れするのである。教えの中だけでなく、多くの仏たちはわずか一個の塵《ちり》の中にも現われることがあり、そのなかで消え去ることがある。また全世界一杯に姿を現わすことがあり、そして消え去ることがある。現われている時間は、わずか一瞬の間のこともあり、永い年月の間、現われていることもある。

このように仏たちの出現はいろいろなところで見られ、消え去るのだが、小さな一塵《じん》の中に現われる仏たちの功徳や一瞬の間しか姿を見せない仏たちの功徳は、あまり有り難くないと考えてはならない。反対に全世界一杯に溢《あふ》れるほどに姿を現わす仏たちの功徳や、永い年月の間現われている仏たちの功徳がすぐれてありがたいというのでもない。

朝にさとりを開き、夕方には死に至るような仏たちがいたとして、その仏たちの功徳は少なく、ありがたくはないということにはならない。なぜならばつぎのことを考えてみるがいい。一日の時間が少ないというが、なにをもって少ないというのだろうか。

人の一生を八十年として、これを宇宙的時間と比べると、ちょうど一日と八十年と比べるよりも、もっとへだたりがある。宇宙的寿命と人の一生とは比べものにならない。

しかし一日は八十年一生のなかでは何万分の一という短い時間ではあるが、仏たちの場合、一日だけ現われる仏たちの功徳と、永い年月の間現われる仏たちの功徳とを、単に数字の上の長短で比較することはできないのである。

仏たちの功徳は、仏たちが永い年月修行して究め尽くして得たもので、その功徳を時間の長短で評価することは出来ない。この功徳が仏教である。仏教というのはこの功徳である。

仏教は仏たちの教えであり、仏となる教えである。その仏教は教仏である。つまり教えとしての仏といわなければならない。教えはそのまま仏である。

仏と教えを比べてみて、仏たち自身は高大で、対してその教えは狭小だと考えてはならない。仏たち自身が高大であれば、その教えも高大であるのは当然である。

したがってよく理解しなければならないことは、仏と教えとを大小、多少、長短、方円などの形や量や数で比べて判断してはならないのである。

また両者をいずれが善でいずれが悪か、いやいずれでもないというように評価することはできない。また教えそのものも、自分のためにあるのでもなく、他人のためにあるのでもない。

第二節　極上の一心とはなにか

ある高徳な禅僧が言った。
「釈尊は四十五年間の教化活動において、多くの教えを示されたが、じつはその教えのほかに極上の一心という教えを一番弟子の摩訶迦葉《まかかしょう》に伝えられた。摩訶迦葉は自分の弟子に、その弟子はまた自分の弟子に以心伝心《いしんでんしん》したのである。その一心は今日まで正しく伝えられている。

どちらかというと、教えの説明に難易があるのは相手次第であるから、所詮説法は相手に応じた戯れに行われる論議といえる。これに対して極上の一心の教えは、人の本質、または世界の本質を表した真実であって、相手次第で一心の内容が変えて伝えられるのではない。

この一心の教えは、いわゆる文字やことばで表した教え（経典）とは別に、釈尊が摩訶迦葉に伝えられたものである。まさしく教《きょう》（経典）外別伝《げべつでん》の教えである。

これは経典に説かれる、声聞《しょうもん》の教え、縁覚《えんがく》の教え、菩薩《ぼさつ》の教えや（以上を三乗という）、十二種類に分類された説法集（十二分教）などの、文字で表された教えの内容とはまったく異質の教えである。

この一心こそ極上の教えである。だからこそ、これは種々の因縁や比喩《ひゆ》などの方便を用いないで、またことばや文字などを用いないで自覚されなければならないものである。直ちに自分の心を指させば、それは一心である（直指人心《じきしにんしん》）。指さした自分のこころが一心であることを知ったら、そのとき、自分が本来仏としての素質を持ち、将来、かならず仏となれる可能性を備えたものだということを知るであろう。それの意味はすでに仏であったことに目覚めることである（見性成仏《けんしょうじょうぶつ》）。

このように、文字やことばや方便などで表せない異質のものが、釈尊によって特別に伝えられた。これが極上の一心である」と。

右に紹介した高徳の禅僧のことばを読むと、これは仏教を信仰するもののことばとはとうてい思えない。そこには自由自在な、融通無礙《ゆうずうむげ》の、さとりに至る道しるべさえ示されておらず、修行の功徳がすこしでも現われている風でもなく、ましてやさとりの境地のなんたるかさえ知らないようである。

この禅僧は仏法や仏道について十分わかっていない。仏とはなにか、教えとはなにかを知っていない。またこころとはなにか、つまりこころの内と外とについてさえわかっていないようである。

ほんとうの仏法を聞いていないから、こんなことを言うのだ。

三乗十二分教などの教えのほかに伝えられた極上の一心が真実の仏法であるということは、ほんものの仏法を知らないからそういうのである。仏のもろもろの教えは、みな一心であることを知らないのではないか。

極上の一心が、とりもなおさず仏の教えであることを学んでいないから、この一心のほかに仏の教えがあるかのように考えてしまうのだ。仏の教えのほかに一心があるというが、その教えはほんものの教えとは考えられない。

いまいうところの極上の一心は、みな等しく三乗十二分教そのものだと知らなければならない。大乗仏教の経典でも上座部仏教の経典でも、極上の一心だと理解しなければならない。

この極上の一心は、じつは仏心《ぶっしん》である。仏心は仏の眼（もっとも重要なもの）である。

世界の山、海、草木、日月星辰《せいしん》はみな仏心の現われである。地獄の世界、穢土《えど》の世界の舞台が変わって浄土となり、仏国土となる。いずれの世界も仏心の表現にほかならない。

禅のことばに「山河大地はすべて法王身（仏自身）を露《あら》わす」がある。自然界（森羅万象《しんらばんしょう》）はそのまま仏そのものであり、仏心の現われであるという意味である。

次のことをよく理解しておくべきである。仏の教えとは森羅万象《しんらばんしょう》のことであり、それをほかにしては教えを説くことはできないということを。

この極上の一心を伝えるときは、ごまかしのない私から、ごまかしのない（相手の）私に直接伝えなければならない。そのように以心伝心するところには、ほんものの私が生きているものだ。このように正しく伝えられるときこそ、極上の一心が誤ることなく伝えられるのである。

このようにごまかしのない私から、ごまかしのない（相手の）私に正しく以心伝心されるのだから、この極上の一心は、経典の教えとは別に伝えられるものだという人がいれば、その人は正しく伝えられた仏の教えをよくわかっていないといわなければならない。

第三節　正伝の正法眼蔵の系譜

正法眼蔵《しょうぼうげんぞう》とは仏法の真髄をいう。この世界に存在するあらゆるものの本性を映し、包み込んだ仏の正しい教えの功徳そのものを表すもので、それは仏のさとりの知慧と換言できる。

釈尊が示された正法眼蔵と、釈尊自らが得られた無上のさとりの知慧は真弟子摩訶迦《まかか》葉《しょう》だけに伝えられ、ほかに当時これを継承したものはいなかった、といわれる。摩訶迦葉だけが受け継いだといわなければならない。

かれのあと、かれからその流れを汲むものは、釈尊の正法眼蔵と無上のさとりの知慧を正伝《しょうでん》してきた。

教えを継承するにあたり、どれが正しい教えなのかを選択する場合、古今の学道の人たちはかならず仏祖に就いて、仏祖から継承した。正しいか否かを決めるのも自分の判断ではなく、仏祖によって決められたのである。

正法眼蔵、無上のさとりの知慧は自分が選択して受けるのではなく、仏祖が勧めて受けさせるのである。学道の人が仏法を選択するのではなく、仏法が学道の人を選択して伝授するのである。

すべての仏法の大本《おおもと》は仏祖であるから、正法眼蔵と無上のさとりの知慧とは釈尊によって授けられたというのではなく、釈尊そのもの、仏祖そのものの正法眼蔵、無上のさとりの知慧が伝授され、伝受するのである。

仏法が仏祖から仏祖に正しく伝授されたのは、摩訶迦葉から中国の慧能《えのう》禅師まで数えて二十四祖である。

かれら二十四祖たちの間で師から弟子に綿々と授受して来た経緯をたどってみると、真弟子摩訶迦葉が釈尊に邂逅《かいこう》したように、また釈尊が摩訶迦葉というすぐれた弟子を得られたように、釈尊が師である迦葉仏《かしょうぶつ》に参学されたように、また各人の前世で積んだ善根力に助けられて巡り合ったなかで仏法は連綿と伝授されてきたのである。このようにして正法眼蔵は嫡子《ちゃくし》から嫡子に相続されてきた。

仏法のいのちは、このような仕方で正伝されたことを知らなければならない。

第四節　禅宗の名称はなかった

この正伝の道理を学ぼうとしないものは、仏祖が正しく伝えられたところの正法眼蔵、無上のさとりの知慧を宗旨《しゅうし》とするものを考えもせずにやたらと禅宗と呼んでいる。またあるものは祖師を禅祖と呼んだり、学者を禅子《ぜんす》とか禅和子《ぜんなす》と呼んだりしている。またあるものは禅家流と自称している。

考えてみると、古今東西にあって、いまだかつて禅宗という名称はなかったはずである。インド一般に行われていた禅定《ぜんじょう》というものを、仏教も取り入れたという歴史的事実はあるが、その禅定を禅宗とは呼称しなかったし、また呼称してはならない。ましてや禅定は決して仏法のすべてではないのである。

このようなことであるのに、仏から仏へと正伝してきた仏の大道をことさらに禅宗と呼ぼうとするものたちは、仏道を実際に聞いたこともなかったのであろう。また夢にも見たことがなく、聞いたこともなく、また夢のなかでも伝授されたこともなかったのであろう。

禅宗という呼び名は、最初にだれが言いはじめたのだろうか。振り返ってみると、多くの仏祖の中で禅宗という呼び名を用いた人はいままでにいなかったようである。

おそらく禅宗という呼び名は悪魔が用いたものであって、仏祖や仏祖の子孫にあたるものたちが用いたのではなかったのではないか。

釈尊から数えて第二十八祖にあたる達磨大師《だるまだいし》が、かれの弟子に正法眼蔵を伝えたときにも、禅宗という呼び名は見当たらなかった。その正法眼蔵は、達磨と弟子の慧可との間において授受されたが、その授受は眼をまばたくその一瞬において、身心《しんじん》骨髄を挙げて行われたのであるから、そこに禅宗という呼び名は必要としなかった。

また、釈尊と摩訶迦葉との間に行われた仏法の授受においても、禅宗という呼び名はなかったではないか。達磨と弟子慧可との間でも禅宗の呼び名はなかったではないか。また、弘忍《こうにん》と慧能《えのう》との間でも禅宗の呼び名はなかった。また、青原《せいげん》と南嶽《なんがく》との間でも禅宗の呼び名はなかった。

一体いつのころから、だれが禅宗という名称を用いるようになったのだろうか。おそらく、学者でも学者の端《はし》くれにもならないものが、このような呼称を用いただろうと思う。

近年、中国（宋の時代）では、ごく普通の人たちが無意識に禅宗の名称を使っているので、自然と、禅宗の名称を用いる人が多くなっているのは事実である。なかには達磨宗《だるましゅう》といったり、仏心宗といったりするものもいる。こういうのは誤った呼称であって、こんな風潮が一般化するようになると仏道の乱れのもととなる。

第5章

仏祖について

第一節　仏仏祖祖に法を伝える

仏や祖師《そし》といわれる人になるには、仏や祖師を自分の側から進んで選び出して面会することが大事である。別の言い方をすれば、仏や祖師たちの面目《めんもく》（本質、真理）を備え、漂わせているものを捉えて、これを礼拝し、これに面会することである。

要するに仏や祖師たちを恭《うやうや》しく頂戴し、礼拝し、それを体感するならば、そのとき自分も仏や祖師と同等となるのである。だから仏や祖師となるには、仏や祖師たちに面会しなければならない。

私（道元）が継承した釈尊の正法《しょうぼう》は次のような系譜で伝えられたのである。

毘婆尸仏大和尚《びばしぶつだいおしょう》→尸棄仏《しきぶつ》大和尚→毘舎浮仏《びしゃふぶつ》大和尚→拘留孫仏《くるそんぶつ》大和尚→拘那含牟尼仏《くなごんむにぶつ》大和尚→迦葉仏《かしょうぶつ》大和尚→釈迦牟尼仏《しゃかむにぶつ》大和尚→摩訶迦葉《まかかしょう》大和尚→阿難《あなん》大和尚→商那和修《しょうなわしゅ》大和尚→優婆毱多《うばきくた》大和尚→提多迦《だいたか》大和尚→弥遮迦《みしゃか》大和尚→婆須密多《ばすみった》大和尚→仏陀難提《ぶっだなんだい》大和尚

↓伏駄蜜多《ふだみった》大和尚↓婆栗湿縛《ばりしば》大和尚↓富那夜奢《ふなやしゃ》大和尚↓馬鳴《めみょう》大和尚↓迦毘摩羅《かびもら》大和尚↓那伽閼刺樹那《ながあらじゅな》大和尚↓伽那提婆《かなだいば》大和尚↓羅睺羅多《らごらた》大和尚↓僧伽難提《そうぎゃなんだい》大和尚↓伽耶舎多《かやしゃた》大和尚↓鳩摩羅多《くまらた》大和尚↓闍夜多《じゃやた》大和尚↓婆修盤頭《ばすばんず》大和尚↓摩拏羅《まぬら》大和尚↓鶴勒那《かくろくな》大和尚↓獅子《しし》大和尚↓婆舎斯多《ばしゃした》大和尚↓不如密多《ふにょみった》大和尚↓般若多羅《はんにゃたら》大和尚↓菩提達磨《ぼだいだるま》大和尚↓慧可《えか》大和尚↓僧璨《そうさん》大和尚↓道信《どうしん》大和尚↓弘忍《こうにん》大和尚↓慧能《えのう》大和尚↓行思《ぎょうし》大和尚↓希遷《きせん》大和尚↓惟儼《いげん》大和尚↓曇晟《どんじょう》大和尚↓良价《りょうかい》大和尚↓道膺《どうよう》大和尚↓道丕《どうひ》大和尚↓観志《かんし》大和尚↓縁観《えんかん》大和尚↓警玄《きょうげん》大和尚↓義青《ぎせい》大和尚↓道楷《どうかい》大和尚↓子淳《しじゅん》大和尚↓清了《せいりょう》大和尚↓宗珏《そうかく》大和尚↓智鑑《ちかん》大和尚↓如浄《にょじょう》大和尚↓道元《どうげん》大和尚（以上は、巻末「仏祖の略歴」参照）。

法を継承するとき、仏の場合は仏に法を伝授し、祖師の場合は祖師に伝授するのである。二人の間に授受される仏法の証しは時節因縁が相整い、符節相合したところで授受されることによって知られる。そして授受は一人から一人に正しく伝えられる。一対一の関係で授受されるのが特色である。

このように伝授される法だからこそ、それは無上のさとりの知慧というのである。

仏のさとりの証しは、仏になったものしか自らのこころに銘記することはできない。

また、仏のさとりの証しを自らのこころに銘記できなければ、仏とはなれない。また仏になったものでないと、このさとりがもっとも尊く、しかも無上だという価値を自覚することはできないのである。

ここのところの道理の宗旨《しゅうし》は、ただ仏と仏との間、祖師と祖師との間でしか理解できないのである。あるいは仏の位や仏の仲間でなければ、なかなかこの道理の宗旨を推し量《お はか》れるものではない。

世にいう仏教学者や思想家などに理解できるものではない。たとえかれらに説明し、聞かせてもわからないだろう。かれらがわからない理由として二つのことが言える。

一つは、この道理は仏から仏に直接に伝授されるからである。

二つには、これは仏の仲間だけで究められ、会得《えとく》されるものだからである。

この趣旨をたとえていうと、石は石のこころを石に継ぎ、玉は玉のこころを玉に継ぎ、菊は菊のこころを菊に継ぎ、松は松のこころを松に継ぐのである。

仏が仏に法を継ぐとは、このことだと知らなければならない。

第二節　出家すれば成仏できる

釈尊が亡くなられてから、生前中に残された教え（法）を釈尊のからだに見立てて、それを法身《ほっしん》（教えの集まり）と呼ぶようになった。この考えの定着によって、仏になれるものは釈尊だけだといわれるようになった。釈尊以外のものは生まれも素質も釈尊に劣り、いくら修行しても釈尊のようには仏になれぬと決め付ける教えさえ現われ、これが後世の仏身論（仏に関する思想）の基本的考えとなった。

また祖師といわれる方々は、釈尊の教えを修行し、その教えを正しく継承した方々である。祖師たちが正法を継承できたのは選ばれた方々だからと考えられる向きもある。というのは、一人から一人へと法は正伝されたといわれるからである。

しかし仏になった釈尊といえども、また選ばれた祖師たちといえども、もともとはわれわれと同じ凡夫だった。われわれと同じように迷い、苦しみ続けたこともあった人たちである。元来、仏祖はわれわれと生まれが違う人たちではなかった。このことをまずよく銘記すべきである。

仏祖の昔はわれわれと同じであった。われわれといえども、将来は釈尊のように仏になり、祖師たちのように、釈尊の正法を授受する系譜に名を連ねる祖師となれるはずである。

では、どうすれば仏祖になれるのか。

仏祖の多くは、まず出家した。その後、守るべき種々の戒律をきびしく遵守するという誓いを立てた。その誓いを実現すべく修行に精進し、そしてさとりを得たのである。

これまで多くの仏祖が正法の命脈を維持し、相続して来たことは、ひとえに出家し、戒律にもとづいて修行して来たからである。振り返ってみると、今日まで、すべての仏祖の中で、出家をしないでさとりを得た人はいなかったのである。

したがって仏に会い、そして祖師に会うには、出家し戒を遵守することが肝要である。とりわけ出家は、釈尊以来遵守された正しい仏法であるから、出家すれば、その功徳はあらたかだと信じなければならない。

出家は仏法だから、これは仏の精神であり、しきたりである。対して在家は仏法だとは言われていない。

　出家は仏法であるからこそ、出家すれば成仏は必定《ひつじょう》だといわれるのだ。成仏するのは、仏祖の仲間になることである。この成仏が、さきに言った出家の功徳というものである。

　どんなところ、どんな家、どんな階級のもとに生まれたものでも、老若男女を問わず、また貧富を問わず、だれでも、この世間の苦海を渡り、正しいさとりの知慧を得たならば、かならず仏祖になれるのである。

　出家し、戒律を遵守し、さとりの知慧を得て仏祖となれば、仏祖たちの間に、正法の授受の上で師と弟子との関係ができる。この師と弟子との関係は心の上で言えば、仏祖と仏祖との関係となる。師がすぐれて、弟子が劣るという関係ではなく、両者は本来仏祖と仏祖の関係である。さとりの知慧を得たならば、ひとしくみな仏祖となるからである。

　要するに、世間の苦悩から解放され、正法をさとったならば、みな仏祖と呼ばれ、仏祖の兄弟と呼ばれ仏祖の全身心《ぜんしんじん》となるのである。

第三節　仏祖の日常はただ喫茶喫飯

世間の苦海を渡り、仏の正法を修行し、さとりの知慧を得た仏祖は一体、日頃どんな生活をしているのだろうか。

実は、仏祖の日常生活は取り立てていうほどのことをしているのではない。われわれの生活となんら異なるところはない。日が昇れば起き、日が沈めば寝て、腹が空いたら飯を食う。喉が渇けば水を飲む。寒ければ暖を採り、暑ければ涼を求める。仏祖も人間だ。仏祖だからといって、われわれと別人種ではない。

要するに、仏祖の家では喫茶喫飯《きっさきっぱん》が日常事だと考えてよい。

仏祖は人間離れしたことや神秘的なことを考えたり、話したりして、日々を楽しんでいるのではない。仏祖の日常は喫茶喫飯そのものである。日頃、粗末な茶や飯を食っている生活自体が、仏祖の教えであり、説法であると理解していい。

仏祖の教えや説法は、かれらの喫茶喫飯とは別なものと考えてはならない。おいしい茶を飲み、飯を食わなければ仏祖の教えもなければ、説法もできないと考えてはならない。日頃の茶や飯が仏祖を仏祖たらしめている。こころして知っておくべきである、仏祖の日常はあくまでも喫茶喫飯だと。

第6章

礼拝に生きる

第一節　礼拝の意義

仏道を学ぶ眼が明晰《めいせき》な人は正法を判断する眼も明晰である。また、正法を判断できる眼が明晰であれば、どのような師に就いて仏道を学ぶべきかを判断する眼も明晰となるのである。

すぐれた師に巡り合い、その師に就かなければ代々仏仏祖祖に伝授されて来た正法を得ることはできない。

そのすぐれた師とは仏祖にほかならない。そこで仏祖にかしずいて精進《しょうじん》することが仏道を学ぶものの本務である。たとえば、師が茶を出せば茶を飲む。弟子が飯を出せば飯を食う。この喫茶喫飯の時に師と弟子との間にこころが疎通するものが生まれる。

師のこころのかなめ、弟子のこころのありさまがたがいに映し取られて理解されるようになる。このとき弟子は師のこころのかなめを学びとり、そして一人の仏祖に巡り合ったことになる。ここで弟子は師を礼拝するのである。

挨拶とか礼拝のことを学人の間で人事《にんす》という。人事は陀羅尼《だらに》である。したがって他人への挨拶とか礼拝とかは陀羅尼という。

陀羅尼は梵語のダーラニーの音写訳で、原語の意味は善い教えを助長し、悪法を根絶するはたらきをいうが、これが一つのことば、一つの文などに、すべての仏法が記憶されるというはたらき、つまり一種の記憶法を意味するようになった。このすべてを保持、内蔵、含蓄するものという意味を仏祖の間では、仏のことばと理解した。そして釈尊以来、仏仏祖祖に正伝された仏法を今日授受できたのは、仏祖の間で行われた礼拝によるものと考えた。この礼拝は一切の仏法を保持、内蔵、相続する作法と考え、礼拝を単なる礼拝ではなく、礼拝陀羅尼としたのである。

だから礼拝が行われているところでは仏祖に巡り合うことができ、本師釈迦牟尼仏《しゃかむにぶつ》に面会できるのである。

人事《にんす》とは焼香、礼拝することである。弟子が師の身辺を離れず、世話をし、仕えることを人事というが、そこにはつねに焼香、礼拝の作法が行われる。師と弟子との関係はこの人事にほかならない。

たとえば師の食前、食事中、そして食後などに適当な時を見計らって焼香する。師が椅子に坐っているときも、また臥しているときも、そのそばで適当な時に焼香して上げる。そしていつも師のそばを離れずに師の御機嫌を伺わなければならない。師の説法を聞くたびに礼拝しなければならない。インドでは一回だけで礼拝を済ます習わしであったようだが、中国では再拝、三拝、六拝、九拝、十八拝、あるいは百拝も行われた。反復の多いほど敬意が深いと考えられたからである。だから数多く礼拝することがいい。

礼拝は頭で地面を叩くようにし、額に血が滲み出るほど反復しなければならない。

師を礼拝するのに時と場所を選ぶ必要はない。いつでも、どこででも、礼拝しなければならない。

寝ているときにも、食事中にも礼拝する。大小便のときにも礼拝すべきである。垣根や壁を隔てても、また山河を隔てていても、はるかに師の方に向かって礼拝すべきである。長期間無沙汰していても、その間礼拝すべきである。なんど生まれ変わろうと、師への礼拝を忘れてはならない。

礼拝の作法として、
弟子はかならず北に向かって礼拝し、師は南に向かって坐り、その礼拝を受けること。
弟子は師の前に立ち、頭を北に面して、師に向かって礼拝すること。
これが本式の礼拝である。インド、中国では仏祖たちが正法に帰依するときは、北向きに礼拝した事実を忘れてはならない。

ところで遠くインドの、はるか遠い過去の釈尊を礼拝し、供養することは、仏の正法を伝授してくれた師を礼拝供養することになると同時に、出家に導いてくれた師を礼拝供養することになる。これらの師を礼拝し供養することは、おなじく釈尊に会うことであり、仏法をもって釈尊を供養することである。

こころして知るべきである。礼拝こそ正法眼蔵である、と。また、正法眼蔵といえば、これこそ大いなる礼拝陀羅尼である、と。

礼拝の作法が世間で行われている間は、仏法が世間に流布していると考えていい。もし礼拝の作法が世間に見られなくなったら、そのとき仏法は滅びたと考えていい。

第二節　経典を礼拝すること

仏教の文献を内容の上から三つに分類することができる。
一、釈尊の説法集、これを経蔵《きょうぞう》という。
二、修行者たちの個人の規律と集団の規律とを集めた戒律聖典、これを律蔵《りつぞう》という。
三、釈尊の教えについての研究論文集、これを論蔵という。
一般にこれらをまとめて「経」という。これら経典の中には声聞《しょうもん》や縁覚《えんがく》のための教えがあり、菩薩のための教えがあり、そして仏のための教えがある。とりわけ仏のための教えがもっともすぐれている。

調度といえば、家の主人が使うものだが、そういう意味で経典は仏道の調度だと考えられる。その経典の教えに従って修行し、さとりの知慧を得るのである。

また、仏祖たちは善知識（賢者）に就いても求道心を起こし、修行を重ねてからさとりの知慧をえるのである。

仏祖たちは、このように経典と善知識をほかにしては修行もさとりの知慧もなかった。なかんずく、なぜ善知識に就いたのだろうか。

善知識はあらゆる経典の教えに通じ、経典を自分の生活の場所とし、自分の身心《しんじん》としているのだ。したがって仏祖たちは経典を人々のため設けられたのであり、日頃の生活における行住坐臥《ぎょうじゅうざが》の一切の行動が経典だとも考えている。

また、経典を父母のように考えるかと思うと、子孫のようにも考えている。

要するに、経典は善知識の修行と学問のよるべであるから、それは善知識の日頃の学習の原典と言える。別言すれば、善知識が日々、顔を洗い、お茶を飲み、ご飯を食べるという一挙手一投足の生活そのものが経典である。

また、経典は如来の全身心である。だから経典への礼拝は如来への礼拝にほかならない。だから経典に邂逅《かいこう》することは、如来に面会することである。

また、経典は如来の舎利《しゃり》（遺骨）でもある。逆に仏の舎利は経典にほかならない、と知らなければならない。

また、この世間に現実にあるもののそのままの姿が経典であると考えなければならない。詳しくは、人の世界、神の世界、海中の世界、空の世界、いずれの世界に住むもの、この世あの世に住むものの、いまあるがままのありさまが経典である。

以上のように経典を理解しなければならない。だから経典を礼拝すれば、一切世界に存在するものが眼の前に出現し、同時に如来の姿が現れる。経典を礼拝すれば如来を見ることができる。

第三節　袈裟を礼拝すること

袈裟《けさ》は梵語のカーシャーヤの音写訳で、くすんだ茶褐色を意味した。仏教の修行者は用済みの、道に捨てられた布切れを継ぎ足してつくった一枚の衣《ころも》（これを糞掃衣《ふんぞうえ》という）を常用した。そのくすんだ茶褐色が特徴的な色をしていたために、これをもって、衣をカーシャーヤ（袈裟）と呼んだのである。

釈尊だけでなく弟子たちもみな、この衣を着用して修行した。袈裟は過去の仏たち、現在の仏たち、未来の仏たちのみんなが着る衣だが、袈裟の功徳は量《はか》り知れない。釈尊のもとで得たところの袈裟の功徳はとくに大きいといわなければならない。たとえば、真弟子摩訶迦葉《まかかしょう》が釈尊から譲り受けた袈裟の功徳は、なにに比べようもなく大きいといわなければならない。

釈尊の皮肉骨髄（身体）をそのまま今日に伝来しているのは、袈裟である。正法眼蔵を正伝し来たった祖師たちは、その有形の証しとして袈裟を伝えたのである。袈裟を頂戴して伝来した人々は、かならずさとりを得たといわれる。なんとありがたいことか。

たとい、修行者の真似をしたくて、ふざけて袈裟を身にまとうことがあっても、それは将来、必ずさとりを得るための機縁となる。あるいは自分の利益のためにまとったとしても、同じようにさとりの機縁となる。

もし袈裟を縁あって受持することができれば、それは仏の印《しるし》を得たことにほかならない。同時に仏として認められたと考えてよい。だから、仏祖でいまだかつて、袈裟を着用しなかった人はいないはずである。そして袈裟を着用した人たちで、いまだ仏祖にならなかった人はいないのである。

仏教を信仰するすべての出家者や在家信者は、かならず袈裟を仰ぎ礼拝するのを習いとした。経典の礼拝と同じく、袈裟を礼拝すれば仏と面会できるのである。そこでわれわれは経典や袈裟のために百千万の塔を建立して袈裟を供養しなければならない。

釈尊はさとりを開かれる前の修行中にも、さとりを開かれてからも、袈裟をひとときもからだから離されることはなかったといわれる。幸いにも、われわれは釈尊の遠い弟子である。弟子だからこそ、われわれは釈尊の行いを鑑《かがみ》として、それを学習すべきである。いたずらに名誉や私利私欲のために、神を礼拝したり、帝王を礼拝したり、家臣たちに下げたりしていた頭を、袈裟へ方向転換して、袈裟を頂戴し、礼拝するようにしなければならない。

日頃、袈裟を目《ま》のあたりに見ることがあれば、かならず袈裟を尊び、供養を怠ってはならない。たとえ一日でも、身命を捨てるつもりで袈裟を供養するようでなければならない。

また、生まれかわり、死にかわりの繰り返しの中でも、袈裟に巡り合い、礼拝できる機縁が与えられることを願うべきである。

第7章

懺悔と滅罪について

第一節　懺悔することの意味

あわれみの心情から、釈尊をはじめ多くの菩薩たちは、広大な慈悲の門戸を開いておかれた。これはすべての生類《しょうるい》を安らぎの境地に招き入れたいという気持ちからであった。幸い天上の世界や人間の世界に住むものは、だれでもその境地に入る資格がある。

その資格をもつわれわれは、善行と悪行との二種類の行いの報いを受けなければならない。そして二種類の行いの報いを受けることがこの世間の道理である。広大な慈悲の門戸を開いておかれたとはいえ、われわれの行い自体が正しくなければ、そこをくぐることはできない。

二種類の行いには三つの報いがある（三時業《さんじごう》）といわれる。つまり生存中にその報いを受ける場合、つぎの生まれ変わりで報いを受ける場合、そしてつぎの、そのまたつぎの生まれ変わりで報いを受ける場合である。

この三つの報いの道理からいえば、だれでもなんらかの悪行の報いを受けるはずだが、しかし懺悔《さんげ》のこころを起こしたならば、悪行の罪の重さを軽くすることができ、また、すべての罪滅ぼしができて、潔白なからだにもなれるのである。

したがって、一心に誠のこころをもって釈迦牟尼仏《しやかむにぶつ》に懺悔すべきである。このようにこころするとき、その懺悔の善行の力が自分を救い、潔白にしてくれる。そしてこの善行の力が知らないうちに法悦《ほうえつ》に満ちた信心を生み、さらにまた善行をしたいというこころを刺激するのである。

信心が起これば、その法悦を隣人にも教え、ともに法悦を分かち合うべきである。この法悦は生物だけでなく、無生物にまで振り向けなければならない。

第二節　懺悔による罪滅ぼし

懺悔するときは、つぎのように願うべきである。

願わくは、私がたとえ過去に悪行の数々を重ねたことが、信仰生活や日常の善行の障害になるようなことになったら、さとりを開かれた仏、そして菩薩のみなさま、どうか私をあわれんで罪悪の重荷から解放させてください。

そしてこれからの私の修行に障害にならないように計らってください。

そして限りなく、広大な仏の世界に充満している大慈大悲のみ心によって、あわれみを私にもお授けください。仏や菩薩のみなさまも、もとは私らと同じ凡夫《ぼんぷ》であられたことを知り、私も、いずれ将来は、みなさまのように成れるのだと自信を持ちました。

そしてまた、つぎのようにも願うべきである。

私がこれまで重ねた悪行は、量《はか》り知れない過去から受け継いだむさぼり、いかり、おごりという三つの悪心によるものです。そしてその悪行は私のからだ、ことば、こころの三つが犯したものです。いまここにこころから反省いたします。

このように懺悔すれば、かならず仏や菩薩から目に見えない援助がある。

こころにあることを、威儀を正して打ち明け、仏に告白すべきである。その告白し、懺悔した善行の力によって、自分が造った罪は、根こそぎ溶けて消えるのである。

これも正しい修行の一つである。一つの正しい信仰のこころである。一つの正しい信仰のからだである。

仏道を修行している間に、こころに緩みが出たり、からだに怠けの兆しが出たり、そして仏教に対して不信の気持ちが出てくるようなことがあれば、誠のこころをもって仏の前で懺悔すべきである。

また懺悔によって、過去の多くの罪障をことごとく消し去って、清浄ともなり得る。反対に人々の利益になることを行い、善業《ぜんごう》を多く蓄えるならば、ますますその功徳は生長し、増加する。

このように自分自身が作る業の善悪のいずれかによって人の生きかたは左右されるのである。

第三節　袈裟による罪滅ぼし

釈尊の皮肉骨髄（身体）をそのまま今日に伝来しているのは、袈裟である。正法眼蔵を正しく伝えた祖師たちは、その有形の証しとして袈裟を伝えたのである。袈裟を頂戴して伝来した人々は、かならず一度か二度の生まれかわりでさとりをえることができた。

むかしから袈裟は解脱服《げだっぷく》（さとりの衣）と呼ばれて来た。だれでも袈裟を着るならば、過去において造った悪業のさわりや煩悩《ぼんのう》のさわりなどの苦しみから立ち所に自由になれるからである。

『大楼炭経《だいろうたんきょう》』という経典によれば、竜でさえ到底免《まぬか》れることができない熱病が三種あるらしいが、その竜が、もし袈裟の一片を身に着ければ、その三種の熱病からも免れると言われる。また牛が、もしその角で袈裟の端にでも触れることがあれば、牛が積んだ過去の罪の数々がおのずから消えるとも言われている。

また蓮華色比丘尼《れんげしきびくに》の例でいえば、美貌のゆえに男性との間に犯した悪業がさわりとなり、なかなかさとりを得ることができなかった。そのような彼女でも三回も生まれ変わって、はじめて仏道を得ることができたという。それはこの世で釈尊に巡り合い、教えを受けた彼女が袈裟をいたずらに身に付けてみたことが因縁となったと言われる。

このことからして、生涯の中で袈裟を頂戴して受持する功徳は、広大にして量《はか》り知れないといわなければならない。

速やかに仏となった人がいたときは、その人はかならず袈裟を着けていると言っていい。袈裟を着けないで、釈尊のようなすぐれた仏身を完成させた人はいまだかつて聞いたことがない。

ここで強調したいことは、過去において、つまりこの世に生まれてくるまえに善根を積んでいない人がいたならば、その人はたとえ何回人間界に生まれ変わって来ようとも袈裟に巡り合うことはできないのである。また、袈裟を着ることも、袈裟を手にすることも、そして袈裟の知識を得ることさえもできないだろう。いま中国や日本で袈裟を縁あって身に着ける機会をいくらかえている人がいるが、どちらかというとそうでない人が多い。

袈裟を身につけることができるかどうかは、身分の貴賤に因《よ》るのでもなく、能力の賢愚に因るのでもない。それらのいずれでもない。ただ過去世に蓄えた善根の力（宿善《しゅくぜん》）のしからしむるところだと考えられる。

もし宿善がなく、そのために袈裟を受持することができない人がいたら、袈裟を受持することを願い、いまの生涯の間に善根を植えるように努力すべきである。もしなにかの障りがあって受持できないときは、多くの仏や如来、（仏・法・僧の）三宝に帰依し、慚愧《ざんき》のこころを起こして、懺悔すべきである。

第8章

菩薩行について

人の利益になることに、布施《ふせ》、愛語《あいご》、利行《りぎょう》、同事《どうじ》の四つがあると釈尊は教えられた。これを四摂法《ししょうぼう》（四つの把握法）、あるいは四摂事《ししょうじ》という。

原語では、布施は与えること、愛語はやさしいことばをもちいること、利行は為《ため》をはかること、同事は協同すること、という意味である。今日的表現をすれば、布施は気前のよさ、愛語は好意、利行は協力、同事は奉仕となろう。

これら四つは、社会生活上、人間関係を円満にするために欠くことのできない徳だと考えられる。

第一節　布施について

布施《ふせ》の意味は、もともと「与えること」である。「持てる人」が「持たない人」にものを与える、ものを分けてやるという意味である。

これを仏道の実践の上からいえば、布施のほんとうのあり方は、「与えること」「分けてやること」ではなくて、「むさぼらないこと」（不貪《ふとん》）でなければならない。余分にものを持たない、世間にいうへつらいの心がない。これが布施である。

釈尊はいわれた、「この世間で仏法をよく説き、多くを学び、なにも所有しない人は幸せである。なにも所有しない人はこころから生活を楽しんでいる」と。これは不貧の精神である。

たとい全世界を完全に統治してからでも、人々を教化して、仏道に導こうとするには、かならずむさぼらないこころで接しなければならない。たとえば、自分に必要なものを人に施すことは大切であるが、捨てるべき宝石を人に施すことも、もっと大切である。捨てるべきものは、相手にも不用なものとは限らない。だから、捨てるべき宝石を知らない人に施すようでなければならない。

また、自分に不用だからといって、むやみに捨ててはならない。それが相手に与えて役に立つという実があることもある。決して嫌って捨てるようなことがあってはならない。ものは大切に取り扱うべきである。

教えにしても、ものにしても、それぞれが布施されるにふさわしい功徳を本来備えているのである。

布施はかならずしも自分のものだけを施すとはかぎらない。自分のものでなくても、布施できることわりがある。たとえば、渡し場に舟を置き、あるいは橋を架けるのも布施の行いである。

自分に施すべきものは、自分に施すべきである。他人に施すべきものは他人に施すべきである。いずれの場合もむさぼりのこころがあってはならない。むさぼりのこころがないところでこのように施しが行われると、その布施の功徳は、人間の世界は言うに及ばず、遠く神の世界にも、菩薩の世界にも及ぶのである。

布施は物を施すこと（財施）だけではない。教えを施す布施（法施）もある。眼にはみえなくとも、こころが通ずることがある。だから一つの文句、一つの詩句の教えでも、人々に説いて聞かせるがいい。説法も布施の一つである。教えを施すならば、それがいまの生涯、あるいはつぎの生涯の幸せを生む種子を蒔《ま》くことになるのである。

ものが軽少だからといって布施を遠慮してはならない。たとえ一円、一本の草花でも、高価な宝石と考えて布施することが大切である。これもまた、この生涯、つぎの生涯で幸せの報いを受ける種子となる。

ものを施すにも、教えを施すにも、相手からなにがしかのお返しを求めてはならない。つねにむさぼらないこころで施すのである。物も教えも惜しんではならない。

自分の持てる力を分け与えるのが布施である。

布施を学んで見ると、受けがたいわが身を捨ててまで布施することもある。これこそ仏、菩薩の布施である。

また、耕作、製造、土木作業などあらゆる治生産業《ちしょう》も布施にほかならないことを知らなければならない。

自然環境の営みも布施と考えなければならない。花を風に任せ、鳥を季節の移り変わりに任せることも布施の営みと考えられる。

こころは、大きいのか小さいのかを推《お》し量《はか》ることはできない。また、ものは比べると大小をつけられるが、比べないと、ものの大小はまた計ることはできない。こころとものとは、このようなものであるが、こころがものの在り方や価値を変える場合もあり、反対にものがこころの在り方や価値を変える場合もある。

このことから、人のこころを改心させることは、はなはだむずかしいが、布施が人をさとりに導くことわりがある。

いろいろなことを説いて聞かせるよりも、ものを一つ施しただけで、それが原因で人のこころが改まり、ついにさとりを得るまでに発展することさえある。

これもはじめは布施であった。

このように仏道のはじめは布施であるから仏や菩薩の修行道である六波羅蜜の布施《ふせ》（施与）、持戒《じかい》（戒の順守）、忍辱《にんにく》（忍耐）、精進《しょうじん》（努力）、禅定《ぜんじょう》（注意）、知慧《ちえ》（理解）はかならず布施が最初に置かれているのである。

第二節　愛語について

人に会い、そして動物を見たら、慈愛のこころを起こし、顧みてやさしいことばを掛けることが愛語《あいご》のこころづかいである。

愛語には乱暴なことばが微塵《みじん》もあってはならない。

世間では人の安否を問う挨拶の礼儀がある。仏道を学ぶ人々の間でも「お大事に」(珍重《ちんちょう》)ということばがあり、「御機嫌いかがですか」(不審《ふしん》)ということばがある。これらは愛語である。

仏や菩薩が生類を慈愛することばは、母親が自分の赤子に語りかけることばのようだというが、このような思いで語るのが愛語である。

徳のある人は褒《ほ》めてあげることだ。徳のない人にはあわれみを掛けてあげることだ。

徳のある人、ない人、それぞれに好んで、ひとしく愛語を掛けるようにしていれば、除々に愛語が自分の中に増えて、日頃、気づかないで、思いもしないような愛語が自然に、ときには突然に口からほとばしるものである。だから、このからだがいのち尽きるまで、日々好んで、愛語をもって人に語りかけるように務めるべきである。

怨《うら》むべき敵も愛語を聞けば降伏する。帝王や暴君の施政も、愛語で転向させることができる。

向かい合って愛語を聞けば、たがいにこころが和んで、おのずと笑みがこぼれるようになる。面と向かわずに、離れたところで愛語を聞いたならば、その愛語を肝に銘じ、魂に銘じておくべきである。

愛語は慈愛のこころから生まれる。その慈愛は慈悲心の種子から生まれる。したがって、愛語は慈悲心から生まれるものである。

第三節　利行について

利行《りぎょう》の原意は、利益を与える行い、という意味である。善行ということばに通ずる。

利行は貴賤の差別なく、人々に利益になる最善の方法を施す行いをいう。遠いところにいる人にも、近いところにいる人にも、いまのことだけでなく、先行きのことを考えて、利益になる方便を講ずるものも利行である。

また、窮地に落ちた亀を助け、病んだ雀を介抱するのも利行であるが、そのとき、だれでもかれらから恩返しを期待していない。ひたすら助けたい、介抱したい気持ちから出ている行為である。

このように利行に励むべきであるのに、愚かものは利他を先にすれば、自分の利益はその分だけ減るものだと考えている。じつはそういうものではない。利行は自分だけとか、他人だけとかのいずれかに利益が偏《かたよ》るような善行ではない。自分も他人も分けへだてなく、平等に利益を与える行いである。

憎み合う相手だろうと、親しい相手だろうと、ひとしく利益を与えるのも利行である。自分と他人の差別を超えて利行は行われるのである。

この心づかいができるようになれば、草木風水にいたるまで、利益を与える道理がなければならない。これが利行の極意である。

第四節　同事について

同事の原意は、協力すること、また、たがいに助け合いながら仕事をすること、の意味をもっている。しかし、このことばの宗教的意味は端的にいうと、差別しないことである。自分に対しても差別しない。他にきびしく、自分にやさしくというのではなく、他にきびしく応対すれば、自分にもきびしく対応することである。

自分に対して差別しないと同時に、他人にも差別しないことが同事である。たとえていえば、この世界に現われた仏が人間にまったく同化されるようなことと考えてよい。この世界で人間に同化されたのであるから、ほかの世界でも、そこのものと同化されるであろう。随所に生まれて、そこで差別なくはたらく。

同事とは、考えてみれば、自分と他人とがまったく一枚、一味になることである。他人を自分に同化させることは、同時に、自分を他人に同化するということでなければならない。自分と他人の関わりは、このようにしていつでも、どこでも、永遠に続き、終わりがないのである。

海は水を固辞しない。それが同事である。

また、つぎのことも知っておかなければならない。水もまた海を固辞しない性質を備えているのである。だから、よく水が集まって海となるのである。

また、土が重なり積もって山になるのである。

海は海を固辞しないからこそ海を形成し、大を成すのである。山は山を固辞しないからこそ、山を形成し、高いものと成るのである。

明主は人をこばまないから周りに人の群れができるのである。群れは国のことである。だから、明主を帝王という。帝王は人を固辞しないからだ。

明主は人を固辞しないからといって、賞罰を与えないというのではない。賞罰はある。賞罰はあっても明主は人を嫌うことがない。明主はこころが清らかであるから、人を嫌うこころがないのだ。だから明主は、いつも柔和な顔をしてすべての人に接する。

この明主の行為こそ同事である。

われわれもこの明主の生きかたを学ばなければならない。

第9章

さとりについて

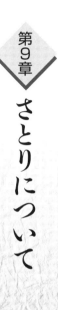

第一節　自分と世界

この世界を仏の教えにもとづいて観察すると、そこには迷いがあり、さとりがあり、さとりへの修行があり、さとれる仏たちがいて、迷える生類がいる。また、さまざまな生まれがあり、さまざまな死がある。

仏の世界は俗世をはなれた清浄無垢《むく》の世界というが、俗世とまったく無縁の世界ではない。仏の教えは俗世にあって説かれるもので、俗世にあって俗世に染まらない世界を説く。仏の世界は、本来貧富、貴賤の世界を超えてはいるが、俗世と無関係ではない。仏の世界には、したがって迷いもあり、さとりもあり、修行もあり、仏もあり、生類もあり、生まれもあり、死もある。

もし、自分がこの俗世に住んでいなければ、迷いも、さとりも、修行も、仏も生類も、生も死も、それらは自分にはなんのかかわりもない。しかし実際にこの俗世に住まわない自分を考えることはできない。それらとかかわりがないどころか、自分のありさまそのものではないか。

仏の教えを求め、さとりを得て、仏になろうと修行するには、この俗世をほかにしてはありえない。仏の教えも、仏の道も、その俗世にあるからだ。

この俗世に存在するものはいろいろな生きざまを見せ、相依り、相助けながら入り乱れているが、それらには花が惜しんでも散り行くように、無常で、はかないものがあり、草が嫌がられても茂るように、自分の思うようにならぬものがある。世間は無常であり、苦であると知らなければならない。

第二節　迷いとさとり

この俗世にあって迷いがあり、さとりがあるというが、一体、なにが迷いで、なにがさとりであろうか。

存在するものの本性を自分から求めて体得しようとすれば、その行いは迷いにひとしい。かえって、ものの方から自分の方へ現れて来るのを、そのまま受け取るときに、それがさとりとなる。

迷いとはなにかをさとるのが、仏たちである。さとりとはなにかと、さとりに迷うのが生類である。

仏たちは、さとっているのに、なおさらにさとりを重ねる。さとりを開いても、なお修行のたづなを緩めず、精進するのである。仏たちはさとりの上にさとりを重ね、さとりを相続している。

反対に、生類は迷いの中にあって、さらに迷い込む。迷いとはなにかを知らず、自分の迷いに覚《おぼ》えがなく、夢中に夢を見るように、迷いの中に迷い込むのが生類である。生類には迷いの自覚がない。それではいつまで経っても仏道を得ることはできない。

仏道を学ぶことは、私を学ぶことである。私を学ぶことは、私を忘れることである。

(私のからだやこころに対する囚《とら》われや、私の計《はか》らい、考えに対する囚われをまったく捨てることである。)

私を忘れることは、私の素性のすべてを周りのものに知られることである。素性のすべてをさらけ出して知られることは、からだやこころに対して、これは「私のもの」、これは「私のものでない」と言って、私の「持ち物」、他人の「持ち物」と差別するこころをかなぐり捨てることである。

このように自他の差別を捨て、一味に融合したところに至れば、仏道の極意を学ぶことができる。さとりを得ることになる。

さとりの境地に到達したら、そこでしばらく休むことだ。休んだあと、さらに無限のさとりの世界に飛躍しなければならない。

第三節　さとりの境地のありさま

人が仏道を学び、仏の教えを求めて修行しているときは、求める教えは自分から遠く離れたところにあるように思われる。ところがその教えが自分に伝えられて、触れてみると、それが本来の自分のありさまを示したものであり、まったく自分そのものであったことを知るのである。

これはたとえて見れば、つぎのように考えていい。

小舟に乗って、景色の移り変わりを見ていると、景色が動いているように見える。

じつは、これは大きな錯覚である。乗っている舟べりに眼を落とすと、景色が動くのではなくて、自分の舟が動いていることにはじめて気付く。当然なことだが、錯覚することが多い。

このように自分のからだやこころについて想い乱れていて、その上、世間の諸事に追い回され、また追い求めて奔走する間は、世間だけがめまぐるしく移り変わるものと考え、自分のこころや本性は変わらないものと錯覚している。周りのものだけが病んだり、老いたり、死んだりするとばかり思い、自分だけは病気もせず、年もとらずに、死ぬことなどないのではないかと考え違いをしているものがいる。

こんな人も、もし仏祖が歩まれた足跡を辿《たど》って、その生き方考え方を学んでみれば、万法《まんぼう》は自分を中心にしてありはしないという道理がわかるだろう。

人がさとりを得たら、さとったという証《あか》しが自分に記されるだろうか。たとえてみれば、人がさとりを得るのは、水に月が映るようなものである。水の中に映っているから月が濡れるわけではない。水中に堕《お》ちたように見えても、水の表面に月の衝撃で波立っているわけでもなく、水面が裂けているわけでもない。

人がさとったときに、さとりのために、考えや生活に支障を被ることがないのは、月が水面に映るときに、水を穿《うが》つことがないこととおなじである。

このようにさとったからといって、身心《しんじん》にとくにその印《しるし》が残るわけではない。さとりはまさしく水に映った月のようである。これがさとりだと指すことはできない。映った月は月の本性ではないのと同じように、さとりが、身心《しんじん》に存在するのではない。水面に、捉えようとして捉えられるものではない。といって、ないというのではない。水面に、水中に月が映っているように、さとりはその人にあるのだから。

月の光は広大な光であるから、天空にも充満するのは当然だが、その広大な光が小さな水面に映り、また草の露にも一滴の水にも映るのである。

広大な宇宙のなかで、微塵《みじん》よりも小さい一個の人間が、広大で、深遠な仏のさとりを抵抗もなく得るのは、草の露や、一滴の水が、月や天空を拒むことなく、支障もなく映し取るようなものである。

第四節　見えない世界を見る

人々は、自分のからだやこころにさとりがまだ充満していないのに、すでに充満しているかのように思っている。ところが仏はさとりに満たされているにもかかわらず、さとりが少しばかり足らないように思い、修行する。

人々は感覚する範囲でものを判断し、満足するが、仏は感覚を超えたところにこころをはたらかせ、全体を見て足りないところを補う。

たとえば、見渡すかぎりの海に出て、四方を見ると、ただ周りは丸く見えるだけで、ほかに変わった景色を見ることはできない。人々はここで、海は丸いものだと錯覚する。ところがもともと海は丸いものでもなく、四角いものでもない。ただ、自分の視覚の及ぶ範囲で見るときに、丸く見えるだけにすぎない。仏はここのところまで見て取るのである。世間の諸事についても同じである。俗世のこと、俗世を超えたことなどのありさまを見るときに、人は人それぞれの力量、眼力の及ぶ範囲でしか、見たり考えたりしない。

世間のもろもろの家風を学ぼうとするときは、ただ、海は丸いとか四角いとかと見るのでなく、海の見えない部分、隠れた部分も見なければならない。また山を見る場合もおなじである。

見えない部分、見逃している部分も山や海のありさまである。見えない部分、見逃している部分こそ、無量であり、無限であると知らなければならない。そしてそこにさまざまな世界があることを知らなければならない。

魚がどこまで泳いでも、水に限界はない。鳥がどこまで飛んでも、空に限界はない。水は魚が泳ぐのを拒むことがない。泳ぎ行くところ、水は魚の泳ぎを邪魔することがない。空は鳥が飛ぶのを拒むことがない。飛び行くところ、空は鳥の飛行を邪魔することがない。

だから、魚も鳥も、いまだかつて、水を離れたことがなく、空を離れたことがない。魚も水のなかで泳がないところがなく、鳥も空で飛ばないところがない。

魚が、もし水を離れて、空を住み家《か》とすれば、また鳥が、もし空を離れて、水を住み家《か》とすれば、いずれも死ぬよりほかない。魚は水を住み家とし、いのちとし、鳥は空を住み家とし、いのちとする。

魚は、すでにある水から自分の生を受けたのである。その水の性を究めてから水に泳ごうとする魚、その空の性を究めてから空を飛ぼうとする鳥がいたら、そんな魚も鳥も、自分の住み家もその道を永久に得ることがない。

それとおなじく、人々もこの俗世をほかにして住み家はない。俗世が生類のいのちである。俗世を離れて住み家を求めれば、人々はいのちを断つことになる。この俗世の本来の姿を見、その場所を見究めることができたなら、仏祖の道をえることになる。俗世にこそ、さとりへの道はある。仏祖の道は、俗世を離れてはなかった。

第五節　求めるものは身近に

さとりへの道も、さとりも、いま住み家《か》とする俗世にあるとはいうが、修行しないではそれをえることはできない。みずから求める行動を起こさないでは、さとりへの道も、さとりも、私のものとはならない。

ちょうど、蜜が一杯の壺のなかに全身浸《つか》っていながら、蜜を舐《な》めずに蜜を説く愚か者に似ている。蜜の甘さを味わわずに蜜を説き、蜜一杯と説く愚か者は、さとりへの道を修行せずに、さとりに満ち、身近にあると説くものに似ている。

麻谷山《まよくさん》の宝徹禅師《ほうてつぜんじ》が夏日の暑いおり、扇子を使って休んでいるところに、ひとりの僧が来て質問した。

「風自体はいつもあるといわれますが、いま拝見しますと和尚は扇子《せんす》を使っていらっしゃいます。風があるのにどうして扇子をお使いになるのでしょうか」

和尚は言った。

「君は風自体はいつもあることを知っているようだが、風がどこにでも吹いていることを知らないようだな」

すかさず、僧は、

「どこにでも風が吹いているといわれるのなら、なぜ扇子を使っていらっしゃるのですか」

と、尋ねた。

和尚はこの質問を聞きながら、黙って相変わらず扇子を使って涼しい顔をした。これを見た僧はさとるところがあり、即座に礼拝して退席したのである。

風はいつもある。風はどこにもある。だからと言って、何もしないで風を自分のものにすることはできない。涼をとるには、扇子を使い、風を起こしてはじめて自分のものになる。

仏法もおなじだ。仏法は常住である。普遍である。いつも身近なところにある。手が届くところにある。だが、それを自分のものにするには求道心を起こし、修行しなければならない。

さとりもおなじように身近にある。人々は、さとりを遠くに求めるために、さとりに迷う。仏たちは、さとりは迷いと表裏一味《ひょうりいちみ》であることを知っているので、身近な迷いについてさとる。身近な迷いを修行によって払うからさとりがえられるのである。

第10章

生死について

第一節　仏教の一大眼目

生まれるとはなにか、死ぬとはなにかをよく理解すること、これが仏教の一大眼目である。

生も死もその真実は思うようにならぬ（苦）ものだと理解してみれば、生死をあえて避けるべきであろうか。

生死の真実と安らぎの境界とは一つのものの表裏であって、本来一味だと理解してみれば、生死の苦しみから逃れようと力むこともなく、またどこかに安らぎの境地を探し求めようとすることもない。

この一味を会得《えとく》してはじめて、すっきりと生死の苦しみから解放される。これこそ仏教の一大眼目だと考え、徹底して究めて行かなければならない。

考えてみると、人として生まれるのはありがたく、真理を見聞できる機会を得るのもまれである。

いま、人として生まれ、その上、真理を見聞する機会をえたのは、各人が積んだ前世の善行のお陰によるものである。地獄、餓鬼、畜生、修羅《しゅら》、人、天の六世界の中で、人類ほどすばらしい、すぐれた生まれの生類がいるだろうか。

このすぐれた能力を備えたからだでも、朝露に似て無常である。だから愛護しなければならない。

世間は無常であるから頼りにはできない。朝露のようなこのからだも、死んでのち六世界のどこの草葉に宿るやもしれない。

このからだは、もともと私のものではなかった。このいのちは時とともに矢のように過ぎ、しばらくの間もいまの若さを維持しておくことはできない。気がついて、かつての紅顔はいずこへとわが身に探しても、その跡形はない。むかしを振り返って、過ぎたことを再現しようとしても、できないことがあまりにも多い。

突然に、自分が無常の風に見舞われることになったときに、国王も大臣も、親友も召し使いも、妻子も、財産も助けてはくれない。そのときは、ただ独りで冥途《めいど》へ赴《おもむ》くのである。

自分について来るものは、ただ生まれてから死ぬまでしてきた善いこと悪いことの報いだけである。

善因楽果、悪因苦果の道理を知らず、その道理は過去、現在、未来にわたってあることをわからず、なにが善で、なにが悪かも正しく判断できないようなものたちを、この生涯で友としてはならない。

第二節　生死すなわち涅槃

生死輪廻を繰り返しているかぎり、人は苦しみを味わい続けなければならない。この世に生を受け、さまざまな生き方のなかで、苦楽を経験して一生を終えるが、これが人生だと割り切ってしまえれば問題はない。しかし、人は、死を間近にして死ぬことを恐れる。そして、まだ長生きしたいと願っている。死と対面することを恐れる。

さらに人は、来世の生まれ変わりを恐れてもいる。なにに生まれ変わるかを真剣に考えている人はいないかも知れないが、しかし、大方の人たちは、人間に生まれかわってくるものと信じている。来世では、もっと幸せな暮らしができる一生であって欲しい。あの世があることを願っている。そこでいまより幸せであることを望んでいる。

これは、いまだほんとうの幸せの世界がなんであるかを知らないものの考えである。

ほんとうの幸せがなにかを知るならば、あの世でなくても、幸せはこの世で得られるのである。それに気づいていない。あの世で、いまの世とおなじ自分のからだで生まれてくるという保証があるかといえば、そんなものはなに一つない。そんな自分の幸せを来世に託することは、もっとも愚かなことといわなければならない。

大切なことは、来世で、人間に生まれ変わるという保証はなにもないことである。

もし人が、この生まれ変わり、死に変わりの人生とは別の世間に仏を求めるならば、それは車の運転席を北に向けて南の方角に車を走らせるようなものだ。あるいは顔を南に向けて北斗七星を見ようとするものだ。見当違いである。

ただ、この生まれ変わり死に変わりの人生、苦しみと楽しみとが織りなす人生、また輪廻の世界、迷いの世界はそのままがさとりの世界だと心得て見れば、この人生、この世界は嫌悪すべきところではなく、またここを離れて、どこかにさとりの世界を求めようとすることもないのではないか。このように心得たときにはじめて、なにに生まれるだろうかとか、死ぬとはどんなものだろうかとかについてのおそれや苦しみから解放された気持ちになる。

第三節　生まれることと死ぬこととは別のもの

生まれることと死ぬこととの関係について考えてみると、生まれ、そして生き、老い、そして死ぬというように、生から死に変化するものと心得ているのであれば、それは誤った考えである。

薪《まき》は燃えて灰となる。灰になってしまってから薪に戻ることはできない。この場合薪と灰との間に時間的関係を考慮すると、薪が先にあり、灰が後にあるというようになるが、薪と灰の両者は、このような前後関係で考えるようなものではない。薪は薪として先があり、後がある。灰もまた灰としての先があり、後がある。薪は灰となればもう二度と薪となることはできない。

これとおなじように人は死んでのち、もう一度生きかえることはできない。だから生は生、死は死である。生が死になるのでもない。死が生になるのでもない。

ちょうど、冬が春になるとも思わない、また春が冬になるとも思わないようなものだ。冬は冬、春は春である。

生まれることは、これは暫時《ざんじ》のありさまであって、その暫時のありさまのなかで、生まれに始めがあり、終わりがある。生まれと同じように死ぬことも暫時のありさまであって、その暫時のありさまのなかで、死に始めがあり、終わりがある。

このようなことであるから、生まれというときは生まれというものだけしかなく、死というときは死というものだけしかない。というのは生まれには微塵の死の影もないからである。死のにおいもないからである。生まれは生まれだけだからである。死ぬときにはそこに微塵の生まれはないからである。生まれのにおいもないからである。死は死だけだからである。

したがって生が現われたら、ただ生だけに、死が現われたら、ただ死だけに向かって身を処すべきである。地獄の世界に生まれたら、餓鬼の世界に生まれたら、また畜生の世界に生まれたら、そこが自分に与えられた世界であれば、その世界に身を処すことである。寿命が来て死を迎えることになれば、死は生とは別であるから、いつまでも生に執着してはならない。生きている間に、死とはなにかを推量したり、忖度《そんたく》したり、思量したりすることはできない。死は死に至ったときでなければ死を知ることはできない。

だから、死に至らないものが死をいとうこころを持ってはならない。同様に生まれていないものが生まれることをいとうようなことがあってはならない。反対に、死を願って自殺したり、死を早めるようなことをしたりしてはならない。受けがたきいのちを、この世に受けて誕生したのである。また自分の勝手な願いから、来世に生まれ変わりたいなどと考えてはならない。個人的な願いで、来世の生を求めることがあってはならない。来世の生はあくまでも来世の生であって、いまの世の生とはまったく無関係である。

第四節　生死はすなわち仏のいのち

過去、現在、未来にわたる生まれ変わり、死に変わりのあらゆるありさまは、それこそが永遠の、無量の仏のいのちの現われである。なぜならば、仏といえどもこの世間を住み家《か》として、そこで修行してさとりを開いたのであるから、生死の輪廻世界を離れて仏となることはできなかった。そして、仏は宇宙の、永遠の、無量のいのちを我が身のいのちとしたのである。だから、仏はこの世間の生死とかかわりを持ち、そこに現われるありさまは、みな仏のいのちということになる。この世間の生死がなかったら仏のさとりはなかった。そして、仏はこの永遠の、無量のいのちをわがものとすることさえできなかった。

だからこの生まれ変わり、死に変わりをいとい、離れようとするならば、それは仏のいのちを失うことになる。といって、この生と死の繰り返しの世間のなかに、欲楽に執着してとどまろうとすれば、これもまた仏のいのちを失うことになる。

第五節　仏のこころに入る方法

人は、仏のいのちのなかで生まれ、そして死ぬ。仏のいのちに育《はぐく》まれて、人は生き、そして死ぬ。この世間を離れて、仏の世界も仏のいのちもないことがわからなければならない。生と死との織りなす世間をいとうことがあってもならない。といって、この世間の欲楽におぼれてもならない。世間をいとうて仏のいのちがえられるわけでもない。世間にかかわっても仏のいのちがえられるわけでもない。

仏のいのちとはこういうものだと理解して、生と死に対していとうことがなく、また愛著することがなくなったときに、人は仏のこころのなかに入ることができる。

仏のこころをいまの凡夫《ぼんぷ》のこころをもって推《お》し量《はか》ってはならない。またことばをもって説明することがあってはならない。ただからだで感じとるとか、こころで知るとかいうようなことではなくて、また私のからだとか私のこころとかの我執《がしゅう》にもとづく「わがもの」

という考えを捨てて、この私をすべて仏の側に投げ入れて、まかせてしまい、仏の方からはたらきかけられて、その力に導かれてついて行くと、自分ではなにも力を入れないで、こころを砕くこともなく、しぜんに生と死との輪廻の苦しみから解放されて仏となれる。

これがわかれば、だれが仏になることでこころを悩ますことがあろうか。

第六節　仏になる方法

仏になるのにたいそうやさしい方法がある。

いろいろの悪を作らず、生死の世間の諸事にこころを奪われることがなく、すべての生類にあわれみの情けを深くもち、上を敬い、下をあわれみ、そしてあらゆることに嫌悪のこころを持たず、またなんでも願い求めようとするこころがなく、こころに気にすることがなく、うれい悩むことがないような状態になったとき、これが仏と呼ばれる。

これよりほかに仏と呼ばれる人はない。

第11章

修行生活について

第一節　修行を続ける意義

仏祖が伝えた大いなる仏道には最高の修行がある。それは連綿と伝えられ、断絶することがなかった。その仏道には、発心《ほっしん》（さとりを求める心を起こすこと）し、修行し、正覚《しょうがく》（正しい目覚め）を得て、涅槃《ねはん》（真の安らぎ）へいたるという過程があって、それらの間には少しのすきまもなかった。修行は持続し、仏道はこれからあれへと巡りめぐって続いているのである。

修行は自分に強いてするものではなく、また他人に強いられてするのでもない。ごくしぜんに行われることであって、こだわりのない修行を続けることである。その修行のちからが、自分を支え、また人をも支える。その意味するところは、自分が持続している修行がそのままあまねく大地、宇宙にその功徳《くどく》を及ぼしているということである。ところが人はそれとは知らず、また自分もそうとは気がつかないでいる。しかし事実である。

私たちのいまの修行は、私たちが創《つく》ったものではなく、これまで多くの仏や祖師が続けてきた修行である。それを受け継いではじめて、私たちの修行も実現し、私たちの仏道も成就《じょうじゅ》するのである。またこれを翻《ひるがえ》していえば、私の修行が円満することによって、諸仏の修行があきらかとなり、諸仏の大道にも通達することにもなる。つまり、私が正しい修行生活を持続すれば、その修行の力が輪のように巡りめぐって、仏祖たちにも及ぼされ、その間にすこしも途絶えるところがないのである。

その修行の功徳は、時には、まったく現われることがなく、そんなことなど聞くことも見ることもなく、身におぼえさえないこともある。とはいっても、決して現われないというのではない。急に現われることはなくとも、決して現われて来ないと思ってはならない。

修行の功徳が、現われるとか隠れるとか、あるとかないとかという考え方は、もともと仏教の修行生活にはなじまないことである。仏教の修行生活はそんなこととはまったく無関係なもので、純粋無垢《むく》なものであるからである。

修行はもともと自己完成のためのものであって、修行の功徳が隠れる、現われるというのは、いったいどのようなかかわり合いがあって、そのようにいうのか理解できない。あくまでも自分にかかわりのあることで、自分が自覚することであるから、功徳があるとかないとかに思いわずらうこと自体がおかしい。

第二節　一日を惜しんで修行すること

もし、修行の力が十分でなく、その効果があらわれず、仏祖の真髄を会得《えとく》することができないものがいたら、おそらく仏祖の身心《しんじん》を尊重せず、仏祖のこころを受け継ぐことを喜んでいないものではないか。

仏祖のこころとか、真髄とかは、どこかに飛び去るものでもなく、飛んで来るものでもない。そのこころや真髄は一日一日の修行によって受け継ぐものである。一日一日の修行を怠らずに持続すれば、そのなかにある。したがって、一日の修行をおろそかにしてはならない。一日の修行こそ、まことに重いのである。

ところがこのことに気づかず、ただいたずらに、百歳まで生き伸びても、後悔ばかりの月日に過ぎず、またあわれな姿をさらけ出すに過ぎない。快楽を求め、欲望の奴隷となって百歳の月日を生きた人でも、そのなかの一日でも正しく修行をし、円満に成就《じょうじゅ》することがあれば、その一日の善行により、この生涯の百歳の月日の間、仏道を実行したこととおなじになる。それだけではない。来世の百歳の生涯をも救われることになる。

わずかな一日の身命でも、尊ぶべき身命であり、貴重な肉体である。たとえこの世間で一日しか生きなかったとしても、その一日の間にもろもろの仏のこころに接することができるならば、この一日は何十年、何百年の月日よりもすぐれているのだと考えなければならない。だから、一日をも無駄に使ってはならない。

もし、無駄に月日を過ごすまいとすれば、その月日を自分のからだに包み込んで、一日一日をこころに刻んで、その一日になにをなすべきか、なにをしたかを忘れないようにすることである。だから、むかしから聖者や賢者が月日を惜しみ、時を惜しむこころは、自分の瞳《ひとみ》よりも惜しみ、自分の土地よりも惜しんだ。月日を無駄に過ごすことは、名利の浮き世に汚れ、溺《おぼ》れてゆくことであり、反して月日を無駄に過ごさないことは、道にありながら、つねに道のために生きることである。

このようにこころに決めたならば、一日を無駄に過ごすことはあるまい。ただ一途に道のために生き、また道のために語らなければならない。

古来の仏祖は、決して無駄なことを話したり、考えたりして、一日を潰《つぶ》すことはなかったらしい。これについては、世間の人々がよく知っているところである。

春が来ても、いまだ開花が遅いのを心待ちして、いまかいまかと花の心配などせず、明るい窓のそばで坐禅して、仏道を考えることのほうが大事であり、蕭々《しょうしょう》と雨降る夜も、ひたすら庵《いおり》にひとり坐禅して、仏道を忘れてはならない。

第三節　恩愛や家門を捨てること

仏道に志すものは自分の身命を顧みてはならない。鳥獣よりも劣る恩愛のこころを惜しんで、捨てられずにいてはならない。恩愛は、たとい惜しんでも、いつまでも自分のためになるものではない。また、取るにたりぬ家門を誇りにしたり、頼みにしたりしてはならない。たといそれを誇りにして仏道になんの関わりがあろうか。それを頼みとしても最後のよりどころとはならない。

むかしの仏祖は賢明であった。財宝も友達も振り捨て、玉殿にも楼閣《ろうかく》にもいささかの執着もなく、きれいに捨て去った。ちょうど涙か唾《つばき》のように、糞《ふん》か土のように見たのである。

われわれ凡夫だけに恩愛や家門があるのではない。諸仏や諸祖にも恩愛や家門がなかったわけではない。諸仏や諸祖がわれわれ凡夫と異なるところは、その恩愛や家門のすべてを投げ捨てて来たことである。

また、それら多くの仏祖にも、われわれとおなじように、いろいろの地縁や血縁がないわけではない。だが、かれらはわれわれと異なり、その縁のすべてを捨てて来たのである。たとい捨てるに忍びない縁であっても、自分と他人との間の世俗の縁は、いつまでも大事に納《しま》っておくことのできるものではない。だから、もしも自分が恩愛や家門を投げ捨てなかったならば、かえって恩愛や家門のために身をほろぼすことにもなる。恩愛や家門にこころが惹《ひ》かれるならば、恩愛や家門にこころ惹かれるもいい。

しかしほんとうに恩愛や家門にこころ惹かれることは、恩愛や家門を自分の方からさっぱりと捨てることにほかならないのである。

第四節　身命を投げ捨てて修行する

この世に人間のからだを受けることはまれであることについては、すでに多くの諸仏、諸祖の説くところである。そのまれであることが現実となり、いまここに人として生まれている。このありがたさにわれわれは感謝しなければならない。また、会いがたき仏法にいまこの世で巡り合い、その教えに浴することのありがたさにも、こころから感謝しなければならない。

いまわれわれは、宿世《しゅくせ》の善行の功徳によって、正法に巡り合うことの幸せをえた。だからこそ、幾度生まれ変わっても、その間の百千万無数の身命を捨てても、正法を求めて学ぶべきである。比べることさえ愚かなことだが、なんの役にも立たない小人と、広大深遠な仏法とを比べて、どちらに身命を捨てるべきだろうか。賢明であろうとなかろうと、どちらにするかこころのままに行動するのに、なにもわずらわされることはないであろう。静かに考えてみるとよい。正法が世間に流布していない時には、わが身命を正法のために捨てようと願っても会うことさえできないのだ。いまさいわいにして正法に会ったではないか。この機会にわが身命を捨てないならば、それははずかしいことである。それは正法に巡り合えているのに身命を捨てようとするこころを起こさないことである。この道理を恥じるべきだ。

いま仏道のために身命を捨てなかったら、仏教を聞く恩恵はえられないことになる。身命をまったく顧みずに、ひたすら仏法を聞くならば、仏法を聞くという修行によって必ず仏道を成就《じょうじゅ》することができる。

暑いからとか寒いからとかいって、修行が暑さや寒さの苦しみで続けられないと愚痴《ぐち》をこぼしてはならない。暑さや寒さの苦しみが人を駄目にしてしまうことはなく、また仏道を駄目にしてしまうこともない。人は環境の善悪を理由にして修行を怠るが、そのようなことは本来理由にはならない。あくまでも修行する本人のこころの持ち方であって、ただ修行しないことをおそれるべきである。修行しないことが、人を駄目にし、道をそこなうことになる。

たった一日だけの修行にも励む。それが諸仏、諸祖の歩んできた足跡である。

第五節　年齢を超えて修行する

いまの人々のなかには、齢《よわい》五十、六十になったり、あるいは七十、八十の高齢に達したりすると、もうこのあたりで仏教の学問や修行を差し控えて隠居しようとするものがいるが、まったく愚かなことである。生まれてからこのかた、何十年間生きて来たことを数えてみたところで、やれ五十年、やれ六十年、七十年、八十年と歳月を区切ったのは、人間の便宜上そうしたことであって、仏教の学問や修行にはなんの関係もない。壮年だ老齢だなどと歳のことを考える必要はない。ただ仏道を学び究め、修行する志が一途《いちず》でなければならない。死んだ後の自分の墓石のことを心配し、愛着してはならない。

中国での話。百丈《ひゃくじょう》山の大智《だいいち》禅師は、そのむかし馬祖道一《ばそどういっ》禅師に就いて修行をされていたころから、亡くなられる日に至るまで、一日といえども衆僧のため、人のために作務《さむ》（掃除、耕作、収穫など）をしない日はなかった。あの身のひき締まるような「一日作《な》さざれば、一日食《く》わず」ということばをのこされたのも、百丈禅師がすでに年も老い、出家してから久しいころのことであった。そのようになってもなお、作務をするときには、元気な若者たちとおなじように励んで力《つと》められた。みんなそれを見て痛ましく、気の毒に思い、以後休むように頼んだが、それでも禅師は休まなかった。そこで人々は、ある日、作務の時に、百丈禅師の作務の道具を隠してしまった。

すると、禅師はその日一日食事を取らなかった。みんなの作務に参加できなかったことを恨んでの気持ちである。これが百丈禅師の「一日作さざれば、一日食わず」のいわれである。

禅宗では、作務も仏道修行の一つであると同時に、仏道修行そのものだとも教える。歳《とし》だからといって休むことがあってはならない。修行であるからだ。百丈禅師のことばが、まさしく仏道に志すものの基本的精神を述べたものといわなければならない。

第六節　ほんとうの修行生活とは

一体、人は仕事をするときに、その仕事が落ち着いてできる場所を求める。それは修行者についていう場合もおなじである。寺院はその修行の場所として作られたものだ。つまり道場といわれる。これまで多くの僧侶が、信者に願って寺院を建ててもらっているが、私は寺院を建立《こんりゅう》するについて、人の気持ちを忖度《そんたく》しているようではいけないと考える。寺院は、信者が進んで建立するものであって、修行者が願って建ててもらうものではない。

修行者が修行より先に寺院を建立したいと考えてはいけない。修行者はひたすら仏道に従って、怠らずに修行し続けることが大切である。修行はあるが伽藍《がらん》はないというのが、これが真の仏者の道場というものである。樹下の露路を吹く風が、遠くにいても聞こえるような道場が、仏者の聖域として永く尊ばれるのである。

だから末世の愚人のように、ただいたずらに、伽藍の建立にこころを惹《ひ》かれてはならない。

仏祖は、かつて伽藍を建立したいと念願したことがない。しかるに、修行をおろそかにして、自己の眼《まなこ》もまだ開かれてないのに、伽藍の建立に執心するのは、おそらくただおのれの名利の巣窟《そうくつ》にしようと企《たく》らんでいるからであろう。

中国禅宗初祖である達磨《だるま》大師や第二祖慧可大和尚《えかだいおしょう》は、かつて伽藍を建立したことがなかった。つづいて第三祖僧燦《そうさん》大和尚、第四祖道信《どうしん》大和尚もまた同じであった。第五祖弘忍《こうにん》大和尚、第六祖慧能《えのう》大和尚に至っても寺院を建立しなかった。青原《せいげん》和尚も南嶽《なんがく》和尚もまた同じであった。石頭《せきとう》大師は石の上に庵《いおり》を結び、石の上で坐禅し、修行したという。昼も夜も眠らず坐り続けた。

霊祐《れいゆう》大円禅師がそのむかしに峻嶮《しゅんけん》な山によじのぼり、鳥や獣と一緒に生活し、草庵をむすんで修行にいそしんで、風雪をいとうことなく、草木の実を食べておられた生活を想像して見るがいい。

深夜の雨の音は、苔《こけ》を穿《うが》つどころか、岩石をも砕《くだ》くほどの激しさであったにちがいない。また冬の雪夜には、鳥や獣さえもめったに見かけなかったであろう。ましてや人気《ひとけ》もなく、またいることさえまったく知られなかったであろう。身命を軽くし、仏法を重んずる修行でなくては、とてもこんな生きかたはできない。だから、草刈りを急ぐ必要もなく、土木作業をするでもない。ただ修行だけに専念して修練を重ね、仏道を工夫して究めるだけである。一体、正法を伝持し来たった仏祖たちのなかに、このような山中の苦難に耐えた方がどのくらいおられたことであろうか。

仏道修行を続けるにつけて、市井《しせい》に住むべきか、山に隠遁《いんとん》すべきかと場所のことを論ずべきではない。また聡明であるか、愚鈍であるかと能力のことを論ずべきではない。大切なことは修行にもっとも支障となる名利を捨て切り、一切の世事との関わりに縛られないことである。光陰をむだに過ごさず、事に当たっては頭に落ちた火の粉を打ち払うように速やかでなければならない。

さとりを待ち望んではならない。さとりは求めたり、待ち望んでえられるものではない。さとりをえることとは、日頃茶を飲んだり、飯を食ったりするところにあって、日常茶飯事である。では、あらためてさとりを願わないでいいのかというとそういうものでもない。

さとりは自分の懐中にあるのだから、外に求めても探し当てることはできない。懐中にあるから、安心して、それが現われるのを待ってえられるものでもない。懐中にあるからとはいえ、求めることも、願うこともしなければ、それは自分のものにはならない。

仏道修行に励むものは、家があれば家を離れ、恩愛のこころがあればそのこころを捨て、名誉があれば名誉を遠ざけ、財産があれば財産を手放し、田畑があれば田畑をゆずり、親族があれば親族と縁を切るべきである。名誉も財産もなければないで、それらに対する想いを離れるべきである。

すでにあるものから離れるべきであるならば、ないものに対する想いからも離れるべきである。これがいずれにも偏《かたよ》らない修行の精神であり、修行の一本道である。

第七節　道楷和尚の生きかた

中国の芙蓉山《ふようさん》の道楷和尚《どうかいおしょう》は、修行を究め尽くした最初の人だといわれる。芙蓉山に庵を結ぶと、出家や在家のものが集まって来て数百人にも達したという。だが、一日に食するものは粥《かゆ》一杯という生活のために、多くの者は逃げてしまった。重湯《おもゆ》の粥をすする極貧の修行の味が和尚のことばで伝えられている。

この和尚が大衆に示して説いたことをつぎに紹介しよう。

「出家というのは、世俗のわずらわしさや悩みをいとい、生死の苦しみから逃れようとするために、こころをしずめ、さまざまな想いを断ち、さまざまなしがらみを断ち切る生活をいう。こんな生活であるはずなのに、閑《ひま》を見ては、名誉や財産に執心して、半生を費やすことはよくない。ただちに両極端の生き方を捨てて、さらには真ん中も捨てるべきである。

きれいな声を聞いても、美しい色を見ても、すべて石の上に植えた花のように、はかないものと思い、名誉や財産を見たら、眼に入ったごみみたいに考えるべきである。見るもの聞くものすべてに、また名誉や財産のすべてに、こうすればこうなるという苦い体験をむかしから多くの人たちがしているのに、それでも懲《こ》りずに苦い体験を相変わらずくり返している。そうだとわかっているのに、どうして恋こがれて、そんなことをむさぼらなければならないのか。いま止《や》めなかったら、いつの時になったら止めようというのであろうか。

むかしから多くの聖者は、諦《あきら》め捨てることを教えるにあたって、「すぐ」「いま」捨てなさいと言った。立派に今の時に捨てつくしたならば、なんのこだわりもなく、安らぐはずである。まさしく無事となる。一切の世事について、しぜんに冷淡となり、その時、まさに、はじめて仏道にかなうものとなろう。

中国の禅僧たちの話。隠山《おんざん》（潭州龍山《たんしゅうりゅうざん》）は、死にいたるまであえて人に会わなかったという。趙州《じょうしゅう》は、死にいたるまであえて人に一言も説法しなかったという。また褊担《へんたん》（褊担暁了《ぎょうりょう》）は、橡《とち》や栗の実を拾って食べた。大梅《だいばい》（大梅法常《ほうじょう》）は、蓮の葉を採って衣となし、紙衣道者《しえどうじゃ》は、ただ紙しか着なかったし、玄太上座《げんたいじょうざ》（南嶽玄泰《なんがくげんたい》）は、ただ綿布一枚を着ていたし、石霜《せきそう》（石霜慶諸《けいしょ》）は、枯木で堂をつくり、雲水《うんすい》たちとともに坐禅したり就寝したりしたという。投子《とうす》（投子大同《だいどう》）は、人に米を洗わせ、雲水たちと一緒に炊《た》いて、一緒に食事をしたという。わたくしごとはできるだけはぶかねばならない。

私心を無くすことが大切である。

これまで紹介した多くの聖者たちは、このようにして自らを鞭励《べんれい》して来られたのである。みなのものたちも、その辺のところを体得すれば、かならずすばらしい人間になるであろう。

私は修行も至らず、特に目立った取り柄があるわけでもないのに、かたじけなくも一山の住職を仰せつけられた。しかし、むなしく住職の座を汚して、先聖から正伝《しょうでん》された正法《しょうぼう》を伝えることを忘れてしまってはならない。私は古人が住職として身をもって示した範例を簡単に述べてみたいと思う。そこで私はみんなと相談して決めたことがある。

けっして山を下らないこと。

在家の人が招く供養の食事に赴かないこと。

功徳を説いても布施を勧めないこと。

である。

これからは、ただこの禅院の荘園から上がる所得だけをもって、その所得を均等に三百六十日に分けて、日々その一分を用いることとする。けっして人数によって増減しない。だから、飯を炊けるほど米があるときには飯を炊く。飯を炊くには足りないときには粥《かゆ》を作る。また粥を作るにも足りないときには重湯を作る。初めて訪れた行《あん》脚《ぎゃ》の僧に面会する時にも、茶湯だけで接待して、べつに茶を点ずることをしない。ただ一つ茶堂《さどう》（喫茶室）を設けて、自分で行き、茶をいただくこととする。肝心なことだけを務め、無駄なことをしない。ただもっぱらに仏道を修行する。

ここは、一応みんなが生活できるくらいのことは備わり、その上、風景もまた捨てたものではない。すべては閑静で音もなく、雑念はおのずから人を避ける。すべてが粛然として、なにもこころ騒がすものがない。

ところで、他人のことはその人の得手にまかせるがいいのだが、私は強いてきみたちを教えるわけには行かない。

「山の田で作った玄米の飯
淡い黄色の野菜の漬物
食べる食べないは君に任せる
食べなければ、東西どこへでも行くがいい」

と歌った古人の詩がある。道をおなじくするものたちよ。つまるところは各自の努力である。では、お大事に」

これが仏祖直伝《じきでん》の骨髄というものである。

静かに考えるべきである一生はいくばくもない。ただ、たとい仏祖のことばが二、三句であろうとも、その語句の意味を理解できたら、仏祖そのものの道を体得したことになるはずである。なんとなれば、仏祖のことばはそのままが身心《しんじん》の表れであるから。仏祖は身心がひとつであるから、わずか一句両句も、すべてみな仏祖の温かい身心そのものである。したがって、その仏祖の語句を我が身心をもって学びとるならば、仏祖の身心が入って来て我が身心に現われるのである。そして、まさに会得《えとく》したとき、その時に仏道が我が身心そのものとなるのである。そのとき仏となり祖師となれば、つぎにはさらに仏を超え、祖師を超えて行くこととなろう。

いたずらに、晴れがましい名誉や数え切れないほどの財産に惹かれて奔走してはならない。それが仏祖の直々《じきじき》に伝える修行の在り方というものである。これからも一層こころしてもらいたいのは、市井に住もうと、山に隠遁しようと、一人でもいい、半人でもいい、よろずの世間のしがらみを断ち切って、仏道修行を仏祖のようにして修行してもらいたいのである。

第12章

出家について

第一節　無常のゆえに出家する

この世に受けたわが身は・地・水・火・風の四つの自然界の要素と、肉体（色《しき》）、感受（受）、表象（想）、意志（行《ぎょう》）、意識（識）という五つの、身体を構成する要素などのさまざまな因縁によって、これらが結合してできあがったものである。それらによって構成されているので、いずれ死んでのち、それらは解体して自然界に戻ってしまう。その戻ってしまうまでの間、仮の姿を見せているのがわが身である。

このように仮の姿をしているので、わが身には生まれ、老い、病、死の四苦《しく》、それに憎み合うものが会う苦しみ、愛するものが生き別れ死に別れる苦しみ、求めても手にいれることのできない苦しみ、そして思うようにならぬ我が身の苦しみなどの四苦がつねに人にはつきまとうのである。

このわが身の要素は、刹那《せつな》に生じては、また刹那に滅して、一瞬も変化しないでいることはない。詳しく言うと、パチンと指を鳴らす間に、六十五の刹那生滅《しょうめつ》が繰り返されているといわれる。一日一夜の間には、64億9万9千9百80の刹那があり、その刹那ごとに、先に述べたわが身の諸要素が生滅しているのである。ところが、人はこのことを意識していない。知らないでいる。刹那に生滅しているので、自分に感覚されていないのである。自分自身がほんとうは生滅しているのに、それを自分で知らないのだからあわれである。

このようにわが身は刹那に生滅するのに、人は、これに執着していつまでも若くありたい、美しくありたい、死にたくない、長生きしたいと思っている。このように願ってみたところで、思い通りにはいかないのである。刹那生滅を止めることはできない。むかしから、これを惜しんで止めることができた人はだれもいなかったはずである。

このような刹那生滅のわが身ではあるが、わが身がいまあるうちに、出家し、仏の遺《のこ》された戒を守ることを誓うならば、過去、現在、未来のもろもろの仏が得たところの、最高で、この上もない仏の知慧と、決して壊れることのない仏のさとりとを証明することができるはずである。

われわれはこの世にわが身をもって生まれることができた。計り知れない因縁によって生まれたのである。わが身をもって生まれることはまれである。またわが身とおなじように仏法にも巡り合うことができた、これもまれである。このわが身を得たいま、急いで世俗の諸事を投げ捨てて、出家してありがたい仏法を学習すべきである。

国王や、大臣や、妻子や、親戚のものなどは、どこででも会える。しかし、仏法にはそうざらには会えない。ちょうど優曇華《うどんげ》（三千年に一度花を咲かせると伝えられる樹に咲く花）のように会うことはなかなかできない。

もし死に見舞われたとき、国王も大臣も、親しいものも召し使いも、妻子も財産も、自分を助けてくれるものはなく、ただひとりで黄泉《よみ》の国に行かなければならない。従って行くものは、ただ自分が積み重ねた善悪の業《ごう》だけである。人は多くの悪業を積んでいるので、来世ではそのために苦い報いを受けなければならない。それを避けるためには、わが身がある間に、早く出家することである。三世の諸仏が教えられたのはこのことである。

第二節　仏法に人の差別はない

仏祖が伝えた仏法に人を差別する教えはない。また、仏法を会得するうえで、男女に違いがあった形跡はない。男だけが会得できて、女はできないということはなかった。また、会得するうえで、身分が高い人や金持ちの人だけに限られているということはなかった。仏法に人の差別はなかった。

そもそも、仏祖は人々をあわれむこころから、仏法を会得することに一切の差別をなくそうとして、広大な慈悲の教えを説かれている。その教えに浴することができるように、すべての人々に公開していられる。どうしてその恩恵に浴することのないものがいるだろうか。

だれだって仏法を会得できるのである。だからこれまで多くの仏祖を訪ねてみれば、それを証明する例は数かぎりない。

男女、貴賤、貧富によって会得のあるなしが決まるのではない。ただ志しのあるなしによるのである。

出家か在家かの違いで仏法の会得に違いがあってはならない。それは本来あってはならない。ただ、出家と在家では、何が大事でなにが大事でないかをわきまえることが違うところから、おのずから出家でなければ、仏法を会得することがむずかしいといえる。しかしそれは人の差別とは別の問題である。

第三節　在家と出家の違い

そもそも、仏法がインドから中国に、さらに日本に伝えられてからこのかた、その間に、出家をして仏法を会得した人たちは、どれほどいるだろうか。これに対して、仏道に志して、たとい長期間修行をした人でも、家庭生活を営みながら、仏法を会得した人は、まだ一人もいないのである。

どうして在家の身で仏法を会得した人が一人もいないのかというと、その理由はこうである。それはほかでもない。

家庭生活を営みながら仏道に志した人が、それなりの修行をするなかで、いつか仏法の真意がおのずから理解されてくると、もう在家でいることがもどかしくなり、急いで出家するようになるからである。長期間修行したからそうなるのでもない。短い期間修行しても出家したくなることもある。このようなことであるから、家庭生活を営みながら、仏法を会得した人はいないのである。要するに、在家は仏法のあるべきところではないといわなければならない。

禅宗の僧と自称するやからのなかには、在家の学道と出家の学道とはおなじだというものが少なくない。なかには国王や大臣などに向かって、政治を司る心構えは、仏が生類をあわれみ、方便を尽くす心遣いに共通するもので、両者は決して別のこころではないと、ぬけぬけというやからもいる。また、政治を司るものの身心《しんじん》は、仏祖の身心となんら異なるところはないというやからもいる。このようなことをいうものは、いまだほんとうの仏法を、見たことも聞いたこともないのではないだろうか。

いまいうところの、在家の学道と出家の学道とが別のものではないとは、一体、なんの証拠をもってそのようにいうのだろうか。五千余巻の大蔵経《だいぞうきょう》中、そのような道理を述べた箇所はどこにも見られない。二千有余年の仏教の歴史を振り返って見るに、そんなことを説いた人も、思想も見当たらない。五十代にわたる四十余世の仏祖たちのなかにも、そのようなことばを遺《のこ》した人は見当たらない。

家庭生活をしながらできることはといえば、わずかに在家信者として釈尊を信じ、その教えを守り、そして僧侶たちに飲食の物を施与することを誓うことだけである。つまり、仏、法、僧の三宝に帰依《きえ》することである。これが在家信者のできる修行である。だが、この修行に励み、仏道に達したという先例はないのではないか。達したというときは、必ずその人は出家しているのである。

中国禅宗の六祖慧能《えのう》でさえ、取るものも取らず、親のもとを辞して師を訪ねたのである。かれは出家する前はきこりであった。山から木を切りだし、また薪や炭を売って生計を立てていた。ある日、通りすがりに『金剛般若経《こんごうはんにゃきょう》』という経典を読む僧の声を聞いて、その教えにこころを打たれて、感ずるところがあってからは母への恩愛をはなれ、生業の重荷《おもに》を投げ出して出家したのである。

この事例によって分かるように、ひとたび自分の身心が仏法に触れて、その力に与ることにでもなれば、もう在家生活にとどまることはできないのである。これまでの仏祖たちもみなおなじであった。

すでに『維摩経《ゆいまきょう》』の主人公として有名な維摩詰居士《ゆいまきつこじ》は、在家生活を営みながら仏法に通じた人として尊敬されている。居士は釈尊の十大弟子ばかりでなく、多くの菩薩たちにも畏敬されるほどの器量の持ち主でもある。居士は在家生活をしながらそうであったが、じつはその居士も、在家のゆえにいまだ学び尽くしていないところも少なくなかったのである。

また龐《ほう》居士（？-八〇八）は中国の維摩詰居士と言われた人で、俗世の生活をしながらも仏道にくわしく、当時の有名な禅僧たちと仏法について互角に討論したりした。そのかれも薬山惟儼《やくさんいげん》（七四五-八二八）に就いたが、その奥義を許されなかったという。

いずれも仏道を学び、その研究に努力したことで、その名をとどめてはいるが、一向にその学道の実はなかったといわなければならない。おそらく画餅《がべい》でさえ食べていないだろう。ましてや仏のおかゆの飯はなおさらのことであろう。というのは、かれらはまだ出家の乞食《こつじき》に必要な鉢《はち》を持っていないからである。その鉢を持たないものがどうして釈尊の学道の真髄を知ることができようか。かれらの一生涯はまるで無駄であったといわなければならない。

戒律を破った僧であれ、また戒律をまったく守っていない僧であれ、そのように落ちぶれた僧となって、教えをもたず知慧もないようなことであっても、知慧があり、戒を守っている在家者と比べてもなお勝っている。なぜかというと、僧のなりわいそのものがすでに知慧であり、さとりであり、道であり、教えであるからだ。

在家者の場合は、たといそれぞれの分にしたがって、十分に善根功徳を積んでいても、それでもなお、その身心そのものの善根功徳は、十分ではないのである。こういうことであるから、四十五年間、釈尊が教化活動されたなかで、感化を受けてさとりを得たものをみても、在家で仏法を会得したものは一人もいなかった。

なぜかというと、在家生活は学道ではないからである。そしてそこは学道の障《さわ》りになることがあまりに多いからである。

第四節　出家の意義

出家の意義を究めてみると、それはすべての生類を親がわが赤子に対するように、憐愍《れんびん》することである。そのこころは、すなわち悪いこころを起こさないで、身の振る舞いと口に言うこととが一分の狂いもなく相応することである。

過去、現在、未来の多くの仏たちは、さまざまな姿形をして、その功徳もさまざまであるが、究極のところ一仏に統一されるのである。その一仏になれるのは出家したものだけである。在家者でありながら仏となった人はいない。過去の諸仏たちをみると、必ず出家し、仏の戒律を守ることを誓うことで仏となったのである。経典のなかに、在家成仏《じょうぶつ》の説を唱えるものがいるが、それは正伝《しょうでん》ではない。また、女身成仏《にょにんじょうぶつ》（女性のままで成仏すること）の説があるが、これも仏祖が正伝したものではない。

仏祖が正伝したものはただ出家成仏だけである。つまり剃髪して男僧と同じ姿になることである。出家は最高の法である。ただ仏法を一人から一人へと正伝《しょうでん》してきた祖師で、たれひとりとして出家して戒律を受けなかったものはない。

親しくても、親しくなくても、人々には、ただ出家して戒律を受けるように勧めるべきである。その人が修行途中で、落後するかしないかなど考慮する必要はない。また修行が続けられるかどうかと心配する必要もない。

仏教に、さとりの知慧をえるための実践修行の方法を三十七にまとめたものがある。いわゆる三十七菩提分法《ぼだいぶんぼう》（四念処《しねんじょ》、四正勤《ししょうごん》、四神足《じんそく》、五根《ごこん》、五力《りき》、七覚支《かくし》、八正道《しょうどう》の総計）である。これら三十七の徳目を自分のからだに、こころに実現したとき、その人を仏と呼び、また仏祖とも呼ぶ。

そこで釈尊は、「三十七道品《どうぼん》はすべて僧侶のなすべき行為である」とのべられた。だから、これを実現するには、どうしても出家して修行するよりほかはない。山に隠棲してさとりを開くことである。

仏教の修行には、大乗仏教の修行とか上座部仏教の修行とかの区別は本来なかった。一つであった。今日まで正しく伝えられてきたものは、出家者の修行である。仏法の正しい修行を受け継いで来たものは出家者である。仏法の大道を正伝したのは出家者である。このように出家者でないものが、仏法の大道や修行を継承し、正伝したことは、かつてなかった。

もろもろの仏祖がさとりを開くことができたのは、出家し、定められた仏の戒律を実践したからである。出家し、戒律を実践することが仏祖のいのちだといわなければならない。したがって、かつて出家しないものが仏祖になることは考えられないのである。仏たちに会い、祖師たちに会うためには、出家して戒律を実践しなければならない。これができなければ仏祖の面目《めんもく》をえることはできない。仏祖の面目をえることは、最高のさとりをえることである。

最高のさとりは、出家し、戒律を実践しはじめたときに得られるものだと知らなければならない。出家した日でなくしては最高のさとりは成就しない。

だから、出家の日は最高のさとりの成就する日とするのである。また最高のさとりの成就する日を選び出してみると、出家の日に当たっていることがわかる。

仏祖の道を学習していくと、仏道はすべての生類をあますところなく救済することにあると教えられているが、救済しようとするときは、仏祖はかならずみな出家し、戒律を実践していることに気づくのである。

仏の教化も、もっぱら出家をその中心にしていた。仏教を真剣に求め、信仰し、それを体験しようとするものには出家を勧めた。出家しないことはほんとうの仏教の信仰生活とはいえない。

釈尊が教化活動をしていられるころには、さまざまな宗教家や思想家がいたが、かれらが釈尊の教えに帰依《きえ》し、弟子になるときは、かならず出家したのである。

こころして置くべきことは、出家し戒を受けることは、仏から親しく成仏の予言を受けることである。

私は世間の多くの人々に勧めたい。はるかに釈尊の教えを慕ってすみやかに出家し、修行して仏の位を継ぐことを。これが私の、人々に対する願いでもある。

仏祖の略歴

毘婆尸仏（Vipaśyin）　過去七仏の第一仏。クシャトリア種の出身。釈尊が菩薩であったとき、この仏に会い、教えを受けて成仏したという。婆羅《ばら》樹下で成道したといわれる。

尸棄仏（Śikhin）　過去七仏の第二仏。クシャトリア種の出身。分陀利《ぶんだり》樹下で成道したといわれる。

毘舎浮仏（Viśvabhū）　過去七仏の第三仏。クシャトリア種の出身。婆羅樹下で成道したといわれる。

拘留孫仏（Krakucchanda）　過去七仏の第四仏。クシャトリア種の出身。尸利沙《しりしゃ》樹下で成道したといわれる。

拘那含牟尼仏（Kanakamuni）　過去七仏の第五仏。バラモン種の出身。優曇鉢羅《うどんばら》樹下で成道したといわれる。

迦葉仏（Kāśyapa）　過去七仏の第六仏。バラモン種の出身。弟子を二万人擁していたという。尼拘楼陀《にくろだ》樹下で成道したといわれる。

釈迦牟尼仏（Śākyamunibuddha）　西暦四六三－三八三、過去七仏の第七仏。クシャトリア種の出身。畢波羅《ひっぱら》樹下で成道したといわれる。

＊以上の仏たちは、仏教で過去七仏として信仰し、教えと戒との源泉とされている。仏祖の仏に当たる。

摩訶迦葉（Mahākāśyapa） 釈尊の十大弟子の一人。バラモン種の出身。少欲知足に徹した頭陀行《づだぎょう》第一人者と呼ばれた。教団の弟子のなかで筆頭の弟子といわれ、釈尊の死後行われた教えや戒律の編纂会議（第一結集《けつじゅう》）を主宰した。

阿難（Ānanda） 釈尊の従兄弟。釈尊の十大弟子の一人。教えを一番多く聞いたことで多聞《たもん》第一人者と呼ばれた。第一結集で経典編集の責任者であった。釈尊の死後四十年ころに没した。

商那和修（Śanavāsa） 中インド王舎城の長者の子。阿難の弟子となり、さとりを開いたマトゥーラ、バーミヤン、カシュミールなどで教化活動した。

優婆毬多（Upagupta） マトゥーラのグプタ長者の子。アショーカ王に説法し、八万四千の仏塔を建立させたことで有名である。仏の三十二の瑞相を備えてはいなかったが、功徳を積んだことでは釈尊に等しかったことから、無相好仏《むそうごうぶつ》と呼ばれた。

提多迦（Dhītika） マトゥーラの人。中インドにおいて教化活動した。

弥遮迦 中インドの人。バラモンであったとき、八千人の弟子を擁していた。ディーティカに折伏《しゃくぶく》され、弟子となる。北インドで教化活動した。

婆須密多（Vasumitra） 訳して「世友《しょうう》」という。西暦一世紀から二世紀の人。ガンダーラの出身。第四結集を主宰し、『大毘婆沙論《だいびばしゃろん》』を編纂した。法救《ほうぐ》、妙音、覚天とともに、婆沙四大論師、婆沙四評家と呼ばれた。『異部宗輪論』『品類足論《ほんるいそくろん》』『界身足論』などがかれの著作とされるが、『異部宗輪論』だけがかれのものであろうといわれる。

仏陀難提（Buddhanandhi） 迦摩国の人。婆須密多《ばすみった》に就いて法を受ける。

伏駄蜜多（Buddhamitra）提迦《だいか》国の人。仏陀難提《ぶつだなんだい》に法を受け、国王、大衆をよく教化した。

婆栗湿縛（Pārśva）訳して脇尊者《きょうそんじゃ》という。中インドの人。香蓋《きょうがい》長者の子。説一切有部《せついっさいうぶ》の学派の長老で、カニシカ王に第四結集を開くように勧めたという。脇尊者の名の由来は、最高のさとりを得るまでは、脇を床に着けないと誓い、修行したが、誓いを立てて三年にしてさとりを開いたことにある。また、脇比丘、長老脇とも呼んだ。

富那夜奢（Puṇyayaśas）華氏国の人。脇尊者に法を受けた。

馬鳴（Aśvaghoṣa）西暦一－二世紀ころの人。中インドのシラーヴァスティー国の出身。もともと外道の修行者であったが、脇尊者に論破され、仏教に帰依した。智慧と弁説にすぐれ、文学、音楽に通じ、「ラーストラパーラ」（Rāṣṭrapāla）という曲を自作自演した。かれは自作自演の音楽で教化活動し、五百の王子たちを出家させたといわれる。『仏所行讃《ぶっしょぎょうさん》』『大荘厳経論《だいしょうごんきょうろん》』『サウンダラナンダカーヴィヤ』『シャーリプトラプラカラナー』などの著作がある。

迦毘摩羅（Kapimala）西暦二世紀ころの人。中インドのマガダ国の出身。三千の弟子を擁する外道の修行者であった。馬鳴《めみょう》に論破されて弟子となる。南インドで教化活動した。『無我論一百頌《じゅ》』を著す。

那伽閼刺樹那（Nāgārjuna）訳して龍樹《りゅうじゅ》という。西暦二－三世紀の人。南インドのバラモン種の出身。空思想を説き、中観派の祖とされる。インドでは仏法伝授の第十三祖とされ、中国、日本で古来八宗の祖師と呼ばれている。『中論頌』『十二門論』『空七十論』『廻諍論《えじょうろん》』『大智度論』『十住毘婆沙論《じゅうじゅうびばしゃろん》』『菩提資糧論』『宝行王正論《ほうぎょうしょうおうろん》』などの著作がある。

伽那提婆（Kānadeva）本当の名前はデーヴァ（Deva）といい、尊称してアールヤデーヴァ（Āryadeva）、つまり聖天という。かれは片目が不自由であったので、そこで「片目のデーヴァ」（カーナ・デーヴァ）と呼ばれたらしい。三世紀ころの人。南インドの出身。コーサラ国で龍樹の弟子となる。三論宗の祖といわれている。外道のものに殺害されて、命を落とした。『百論』『広百論』『百字論』などの著作がある。

羅睺羅多（Rāhulabhadra）インドの人。迦那提婆の弟子。チベット大蔵経中に『菩薩行境《ぼさつぎょうきょう》清浄経義略摂《しょうじょうきょうぎりゃくしょう》〔チベット訳〕』、サンスクリット本に『法華経偈《げ》讃二十頌』『歎般若偈二十頌』が著作として残っている。

僧伽難提（Saṅghanandhi）西暦二世紀ころの人。インドのシラーヴァスティー出身。宝荘厳《ほうしょうごん》王の子。七歳で出家。羅睺羅多に法を受ける。

伽耶舎多（Gayāṣata）僧伽難提に法を受ける。月支国で教化活動。

鳩摩羅多（Kumāralabdha）西暦三世紀末ころの人。北インドの出身。学徳高く、日出論師と呼ばれた。羯盤茶《かつばんだ》国で教化活動。門下に『成実論《じょうじつろん》』の著者である訶梨跋摩《かりばつま》がいる。

闍夜多 北インドの人。中インドで鳩摩羅多から法を受ける。王舎城で世親に法を伝えたといわれる。

婆修盤頭（Vasubandbu）訳して世親という。古い訳では天親《てんじん》とある。西暦五世紀ころの、ガンダーラ国の出身。上座部仏教を修め、『倶舎論《くしゃろん》』の著作によって、大乗仏教を非難したが、兄無著《むじゃく》の教化で大乗仏教を修めることになる。かれは浄土教を説き、『浄土論』を著した。兄無著とともに大乗仏教を宣揚したが、その思想は学派を成し、瑜伽派《ゆがは》と呼ばれ、龍樹、提婆の中観派と対立し、インド大乗仏教の二大潮流となった。上記二著作のほかに、『弁中辺論』『唯識三十頌』。上記二著作のほかに、『弁中辺論』『唯識三十頌』『十地経論』『摂《しょう》大乗論釈』などをはじめとして、上座部仏教に五百部、大乗に五百部の著作があるとされる。世に千部の論主と呼ばれている。

摩拏羅　ナディ国の、クシャトリア種の出身。国王の第二子として生まれる。三十歳のときに世親について出家。法を受けて西インドで教化活動した。

鶴勒那　西域月氏国のバラモン種の出身。鶴は漢語で、勒那はサンスクリット ratna の音写訳である。いつも鶴の群れに囲まれていたことから「鶴に囲まれたラトナ」と呼ばれたという。二十二歳で出家。三十歳のときに摩拏羅に法を受ける。中インドで教化活動した。

獅子（Siṅhā）　バラモン種の出身。師子比丘《びく》、師子菩提ともいう。鶴勒那に法を受けて、西北インド、カシュミールで教化活動した。その地方の当時の国王・弥羅掘《みらくつ》が廃仏運動を起こしたため、そのあおりを受けて殺害された。

婆舎斯多　西北インドで獅子に遭い、二十歳のときに出家した。この地の長者の子。出家のあと、南インドで教化活動した。法を不如密多に伝える。天台宗では、資料によっては禅の法統は獅子のところで途絶えているので、婆舎斯多は法を継いでいないとする。

不如密多　南インドの国王の子。外道を信じていた父が婆舎斯多と問答しているのを聞き、出家した。（父は信者になったという）六年間師事して、法を受ける。東インドに行き、六十年間教化活動した。

般若多羅　東インドのバラモン種の出身。不如密多に法を受け、南インドで教化活動した、カーシー国で王子三人と問答し、末弟の菩提多羅を出家させ、かれを菩提達磨と名付け、法を授けた。

＊以上の祖師たちはインドにおける禅の継承者と考えられた。

菩提達磨　南インドの小国の第三王子として生まれる。三年の歳月をかけ、梁の普通元年（五二〇）に南海（現在の広州）に到達した。『洛陽伽藍記《らくようがらんき》』には、かれはペルシャの胡僧で、シルクロードを経て洛陽に来たと記されている。嵩山《すうさん》の小林寺の石室に入り、ひたすら黙然として坐禅をした。その姿を見て、人は〔壁観《へきかん》バラモン〕と畏敬したといわれる。中国に滞在すること九年、インドに帰ったという。文献によると、西暦五二八年十月五日、光統律師と菩提流支三蔵法師が謀って達磨を毒殺したという。小室六門といって、『破相論』『悟性論』『血脈論』『二種入』『安心法門』『心経頌』が達磨の著作とされるが、正確なところ『二種入』だけのようである。

慧可　現在の河南省栄陽郡汜水県の西部に生まれた。洛陽の宝静禅師について出家した。四十歳のときに、少林寺で修行している達磨に師事した。達磨に法を受け、かれがインドに帰ったあと、僧璨に衣鉢《えはつ》を授けた。市井に出て、居酒屋にも、色街にも通ったりし、説法すること三十四年。百歳を越えるまで生きたという。

僧璨　出身については不明。五一〇-六〇六（『伝灯録』による）。四十余歳のときに、慧可に師事して、衣鉢を受け、中国禅宗の第三祖となる。廃仏運動が起こっている時期であったので、十数年間山に隠れて修行した。『信心銘』が著作とされるが、伝記に述べられていないので確証はない。

道信　西暦五八〇－六五一。道信大医という。僧璨が八十二か三歳ころに十四歳で出家し、九年間師事した。二十三歳のときに道信から衣鉢を受けた。

弘忍　西暦六〇二－六七五。黄梅（現在の湖北省蘄春県）の人。十二歳のときに道信に師事したという。かれの教化活動は綿密で、慕ってくるものは出家も在家も数百人であった。当時弟子七百余人が彼のもとで修行したという。著作として『修心要論《しゅしんようろん》』があるが、研究によるとかれが説法したものを弟子たちが筆録したものであるらしい。

慧能　西暦六三八－七一三。范陽（現在の河北省定興県の南四十里）の人。ある僧が『金剛般若経』を唱えているのを聞いて、感ずるところがあって弘忍のもとで出家した。二十二歳のとき、六十歳の弘忍から衣鉢を受けた。大梵寺で行った説法の記録として『六祖壇経』がある。

行思　西暦？－七四〇。唐代、江西省安城の出身。慧能に就いて衣鉢を受ける。青原《せいげん》山　静居寺《じょうこじ》に住み、多くの弟子を育てた。その弟子の系統から雲門宗、曹洞宗、法眼宗《ほうげんしゅう》が現れた。

希遷　西暦七〇〇－七九〇。広東省の人。慧能について得度し、のちに青原行思に師事した。天宝（七四二－七五六）のはじめに南寺に住み、境内にある石の上に庵を結んで、坐禅に明け暮れた。ひとは石頭和尚と呼んだ。薬山惟儼に衣鉢を授けた。

惟儼　西暦七四五－八二八。十七歳のとき、慧照《えしょう》について出家し、二十九歳のとき、希澡《きそう》について修行し、さらに希遷のもとでさとり、衣鉢を受けた。希遷のもとで修行すること十三年。のちに独立して教化活動に専念した。かれのもとに四、五十人が集まったという。八十四歳死亡、かれには著書はないが、ひろく経典と論書に通じ、そして戒律を遵守し、その家風は一言で仏法を相手に理解させるという力強さを持っていたという。

曇晟 西暦七八九－八四一。幼時に出家し、百丈懐海《えかい》について二十年修行した。のちに惟儼について衣鉢を継ぐ。六十歳死亡。

良价 西暦八〇七－八七九。折江省の人。幼時に霊黙に従って出家した。二十一歳のときに戒を受けて、本当の出家者となる。南泉普願《ふがん》や潙山霊祐《いざんれいゆう》などについて修行して、のちに曇晟《どんじょう》のもとで修行し、さとりを開く。六十三歳死亡。

道膺 西暦？－九〇二。二十五歳のときに出家し、戒を受ける。はじめは上座部仏教の戒律を修行したが、のちに洞山《とうざん》良价のもとで大乗仏教の禅を学び、その衣鉢を受けた。

道丕 生没不詳。唐代の人。道膺《どうよう》の衣鉢を継ぎ、洪州の同安院に住み、曹洞宗の宗風を広めた。

観志 生没不詳。五代ころの人。幼時に出家し、道丕について修行し、衣鉢を継ぐ。

縁観 生没不詳。観志の衣鉢を継ぐ。

警玄 西暦九四三－一〇二七。叔父の智通のもとで出家し、諸国を行脚して湖南省の梁山に至り、そこで縁観について修行して衣鉢を継ぐ。のちに湖北省の大陽山の慧堅《えけん》のもとで修行し、法席を継いだ。そしてそこに三十年間住み、教化活動した。

義青 西暦一〇三二－一〇八三。七歳で出家し、十五歳で得度した。そのあいだに『百法論』を習い、『華厳経』を聞いた。かれの優れた能力を人々は讃え、かれを青華厳《せいけごん》と呼んだ。

道楷　西暦一〇四三－一一一八。小さいときに神仙を学び、辟穀《へきこく》の術を得て河南省の伊陽山に隠れた。三十二歳で戒を受けた。その後、諸国を行脚し、義青に遭遇し、かれのもとでさとりを開き、衣鉢を継いだ。教化活動に尽力したと同時に、かれは干拓事業にも力を尽くしたことでも有名である。弟子九十三人。法を継いで出世したもの二十九人。

子淳　西暦一〇六四－一一一七。徳淳とも呼ばれる。二十七歳で戒を受けた。数人の禅僧について修行したのち、大陽山の道楷のもとで修行してさとりを開いた。そして衣鉢を継いだ。唐州の大乗山・随州の大洪山に住み、大いに教化に励んだ。

清了　西暦一〇八八－一一五一。十一歳の時に出家し、『法華経』を学んだ。十八歳で戒を受け、四川省の大慈寺で『円覚経』『金剛般若経』などの経典や論書を学んだ。のちに子淳について修行し、衣鉢を継いだ。かれの教化活動は飛び抜けて活発であった。

宗珏　西暦一〇九一－一一六一。十六歳で出家し、十八歳で戒を受けた。清了について衣鉢を継ぐ。

智鑑　西暦一一〇五－一一九二。清了について修行してのち、宗珏について衣鉢を継ぐ。色々の寺を転住した。

如浄　西暦一一六三－一二二八。かれの人柄から当時の禅院では「浄長」と呼ばれた。のちには「長翁」と呼ばれた。出家した年月日は不明だが、出家後、仏教の教学を学び、学問に通じようとした。しかし十九歳のとき、それを捨て、智鑑のもとに行き、修行した。のち二十年間行脚して一二一四年に天童景徳禅寺において無際了派の遺書を受けて、ここに住むことになった。この間に日本からきた道元に遭い、道元に衣鉢を授けた。

新装版刊行にあたり

この度、大法輪閣編集部の高梨和巨氏から拙著『道元のこころ』を新装版として刊行したいとの知らせを受けました。

この書は昭和六二年十二月に大蔵出版社の桑室一之氏に勧められて執筆したものです。じつはこれより以前の拙著『道元のいいたかったこと』（講談社もんじゅ選書・1）があり、これをもとに道元の『正法眼蔵』をわかりやすく、そして小さくまとめたものができないかと考えていました。これを桑室氏が『道元のこころ』として出版することを勧めてくださいました。

『道元のいいたかったこと』はのちに『道元の考えたこと』と書名を替えた改訂版として平成十二年に刊行されました。内容は同じようですが、前著は若気の至りで道元の考えに釈尊のそれと矛盾があると少しきびしい書き方をしましたが、改訂版は前著で示した矛盾は道元の信仰から出た考えであると反省を込めて書いたものです。

この度の『道元のこころ』は三十年以上も前に刊行され、私自身も忘れてしまっていた書を大法輪閣から出版したい旨のお申し出に驚きました。死にかけていた書がここに来て蘇ったといってもいいでしょう。あらためて読み返し手を入れましたが、すべて原著のまま刊行していただきました。

巻末にある系譜の祖師たちの略歴は完璧ではありませんが、一応参考ためにもとのまま残しました。

多くの方々の助けを頂き、このように旧著が日の目を見ることができましたことは、なによりの喜びです。とくに石原大道氏と高梨和巨氏にこころから感謝申し上げます。

平成三十年三月三日

著者記す

［著者略歴］

田上　太秀（たがみ・たいしゅう）

昭和10（1935）年生まれ。
最終学歴　東京大学大学院卒
職　　歴　駒澤大学教授、同副学長、駒澤大学禅研究所所長を歴任。
駒澤大学名誉教授・文学博士。

［主な著書］
『仏典のことば　さとりへの十二講』『ブッダのいいたかったこと』『道元の考えたこと』『ブッダ最後のことば』（以上、講談社学術文庫）、『ブッダの人生哲学』（講談社選書メチエ）、『仏教の真実』（講談社現代新書）、『ブッダが語る人間関係の智慧　六方礼経を読む』『仏教と女性』（以上、東京書籍）、『釈尊の譬喩と説話』『人間ブッダ』（以上、第三文明社レグルス文庫）、『迷いから悟りへの十二章』『ブッダの最期のことば　涅槃経を読む』（以上、ＮＨＫ出版）、『仏性とは何か』『ブッダ・臨終の説法 — 完訳・大般涅槃経１～４』（以上、大蔵出版）、ほか多数。

本書は、1987年に大蔵出版株式会社より刊行された
『道元のこころ』の新装版です。

道元のこころ

2018年6月11日　初版第1刷発行

著　　者　田　上　太　秀
発 行 者　石　原　大　道
印刷・製本　亜細亜印刷株式会社
発 行 所　有限会社 大 法 輪 閣
東京都渋谷区東2-5-36 大泉ビル2F
TEL（03）5466-1401（代表）
振替　00160-9-487196番

ISBN978-4-8046-1405-2　C0015